U0625425

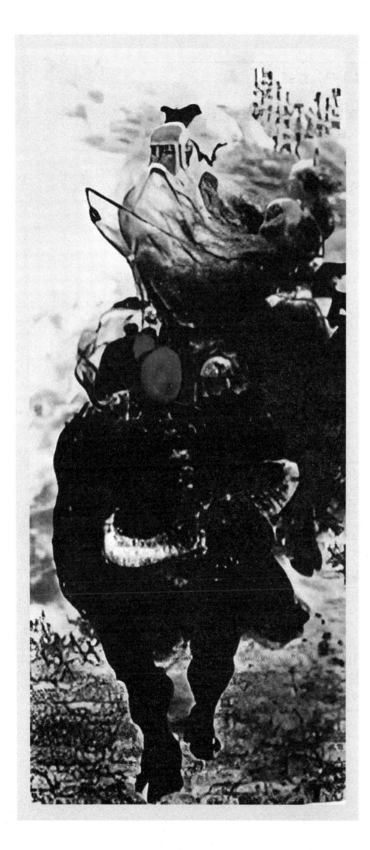

终南山传奇

孙治民 编著

陕西新华出版
陕西旅游出版社
·西安·

图书在版编目（ＣＩＰ）数据

终南山传奇 / 孙治民编著. — 西安 ： 陕西旅游
出版社，2015.2（2025.3重印）
 ISBN 978-7-5418-3183-6

Ⅰ. ①终… Ⅱ. ①孙… Ⅲ. ①终南山－道教－宗教
文化-研究Ⅳ. ①B959.2

中国国家版本馆 CIP 数据核字(2015)第 041110号

ZHONGNANSHAN CHUANQI
终 南 山 传 奇   孙治民 编著

责任编辑：张 颖 赵爱宁
出版发行：陕西旅游出版社
　　　　　（西安市曲江新区登高路 1388 号　邮编：710061）
电　　话：029-85252285
经　　销：全国新华书店
印　　刷：永清县晔盛亚胶印有限公司
开　　本：787mm×1092mm　　　1/16
印　　张：17
字　　数：250 千字
版　　次：2015年 3 月　　第 1 版
印　　次：2025 年 3 月　　第 2 次印刷
书　　号：ISBN 978-7-5418-3183-6
定　　价：79.00 元

目 录

钟离篇

后记

前言

终南山隶属于秦岭,是秦岭的一段。

秦岭山脉是横亘于中国中部东西走向的巨大山脉,绵延1 600多千米。西起甘肃南部,主体位于陕西南部到河南西部,与四川省交界处。为黄河支流渭河与长江支流嘉陵江汉水的分水岭。

秦岭—淮河一线是中国地理上最重要的南北分界线,秦岭被尊为"华夏文明的龙脉"。

处于秦岭中部的终南山,它东起盛产美玉的蓝田,西至秦岭主峰太白山,横跨蓝田、长安、户县、周至等县。天造地设,雄踞在古城长安(西安)之南,成为长安城高大坚实的依托,雄伟壮丽的屏障。终南山因长安城而容光焕发、名扬四海,终南山因群山荟萃而戴上了神奇的面纱。

"山不在高,有仙则名。"终南山之所以在历史上璀璨耀眼,就是因这里沉积着中华民族深厚的道教文化。鲁迅先生认为:道教是中国传统文化的组成部分,不了解道教,就无法真正认识中国的社会和文化。文化是民族的血脉，是人民的精神家园。钟灵毓秀、历史悠久的终南山蕴藏着丰厚、璀璨的文明，有着醇厚、浓郁的文化魅力。终南山享誉全中国乃至世界，特别是福地楼观以其秀美的风姿和道教祖庭的特殊地位而使天下人神往。

秀美的终南山滋养着道文化，而精湛的道文化又使这方山水更具神韵和魅力。可喜的是西安曲江新区为了弘扬道文化，在古楼观道教祖庭打造了道文化展示区，他们将道教的发展展现在世人面前，成为道学研究、道教朝圣、道文化体验的重要目的地。

写《终南山传奇》一书的初衷就是为了加深人们对历史的记忆，彰显道教深厚的文化内涵，让天下人了解道教，了解中国的传统文化。

孙治民

2015 年 1 月 1 日于周至

大禹篇

鲧的传说

有关鲧治水的传说有两种版本，一是因鲧治水不力，被尧帝所杀。二是因鲧偷了天帝的息壤，被天帝所杀。

传说一：

相传尧帝时，发生了滔天的水灾。大地汪洋，五谷被淹，百姓流离失所，无处居住无以为生。当时，尧也没有办法，急得束手无策，便与四方诸侯之长商讨治水良策，征求大家的意见，同时四处派人寻聘能治水的贤人。

四方诸侯之长皆举荐鲧担任治理洪水的光荣任务，尧帝却很担心地说："鲧，违逆先王教命，谤訾亲族，他太任性了，不宜任用。"四方诸侯之长说："鲧是可以的，他刚愎劲悍，体粗力壮。正好适于承当此任，请试用之。再说，现在也没有比他更适合的人选了。"尧帝没有办法，只好听从大家的意见，始命鲧去治水。

鲧接到这神圣的使命，面对肆虐的洪水，他冥思苦想后道："兵来将挡，水来土掩。"决定采用"堵"的方法治理，"只要在村子周围用土石来建筑高堤，不就可以挡住洪水了吗？"于是，他叫人们把高地上的土运走，搬到低处垫上，好堵塞百川。时光匆匆，转眼9年过去，洪水仍旧泛滥不止。

洪水冲垮堤坝，毁坏田园，淹死了好多百姓。尧帝大怒，他发布命令说："鲧只知道圈堤堵水，一旦堤溃，为害更大。治水9年，还不成功，该杀！"尧帝将鲧囚禁在羽山，3年后，又将鲧处死。

传说二：

据说中国在古代闹过一次大水灾，那水势的浩大，灾害的严重，简直使人难以想象。大地一片汪洋，庄稼淹没了，房屋冲塌了，人们扶老携幼，都逃到山上或大树上去。有的人虽然逃到了山上或树上，但因为经不住风雨的吹打，特别是找不到食物，不久就冻死、饿死了。有些人虽然侥幸逃到了比较大的山上，可以到山洞栖身，或用树枝搭起窝棚躲避风雨，寻找树皮、野菜充饥，暂时维持生命，但人多树少，各种毒蛇、猛兽也因逃避洪水而上了山，威胁着人类，所以，每天没有被淹死、饿死、冻死，以及被野兽、毒蛇侵害而死的人是屈指可数的。

这时，人们都苦苦地哀告天帝，祈求他斥退洪水，把他们从死亡中拯救出来。但是高高在上的天帝，只顾自己在天庭中寻欢作乐，根本不把天下遭难的人民放在心上，对于人们的苦苦哀号毫不理会。

人们悲惨的遭遇倒是感动了天神鲧，他命神龟去天帝那里偷窃能阻止洪灾的息壤(神土,能生长不息)，息壤虽小，分量却不轻，鲧就叫来了神龟去驮，神龟将息壤放在地上，大地上的灾情顿时好转。

鲧来到人间，忙将息壤往水里撒，息壤果然是神奇的宝土。撒到哪里，就在哪儿立刻迅速生长，形成巍峨高山。并随着水势的上涨自动增高。奔腾不息的洪水被阻隔在大堤之外。人们脱离洪水的包围，高兴地又叫又跳，开始准备耕种、生产。

天帝知道鲧盗取息壤，大怒，立即派火神祝融下凡，将鲧杀死在羽郊，并取回息壤。息壤撤回后，洪水立即反扑而来，冲垮堤坝，毁坏田园,淹死好多百姓,洪水再次泛滥。

传说鲧死后尸体3年不腐烂,仍大睁着双眼,怒视着上苍。3年后鲧的肚子突然裂开了,生出天神禹。禹出生以后,鲧就变成一条玄鱼游走了。

智战洪魔

传说,尧帝时,洪水成灾,天下百姓深陷愁苦之中。尧帝命禹的父亲鲧去治理洪水。鲧率众筑坝修堰,费了9年工夫,因没把大水治好,被尧帝流放,后诛杀于羽山。

舜继帝位后,便命鲧的儿子禹(此时禹已做了部族首领),继续治理洪水。禹欣然领命,但他没有贸然行事,而是首先认真总结父亲鲧治水的教训,寻找治水失败的原因。然后,率领伯益、后稷等一批忠实助手,跋山涉水,顶风冒雨到洪灾严重地区进行勘察,了解各地山川地貌,摸清洪水流向和走势,制定统一的治水规划,在此基础上才展开大规模的治水工作。他总结出前辈治水无功主要是因没有根据水流规律因势利导,他大胆改用疏导和堰塞相结合的新办法。历时13年之久,终于把洪渊填平,河道疏通,使水由地中行,经湖泊河流汇入海洋,有效治理了洪水。

大禹治水成功,除采取了正确的方法之外,另一重要原因是他一心为公、吃苦耐劳、身先士卒、不畏艰险、有锲而不舍的精神。他手拿治水工具,亲自参加劳动,给参加治水的人做出了好榜样。为了完成治水重任,新婚4天便离开家,在外13年,没有回过一次家。大禹治水"三过家门而不入"已成为千古流传的佳话。由于他常年奔波在外,人消瘦了,皮肤晒黑了,手上长满了老茧,脚底布满了血泡,腿上的毛磨光了,连束发的簪子和帽子掉了也顾不上收拾,老百姓见了无不心痛流泪。

传说,大禹治水时,便与妻子涂山氏约定,以击鼓为号,把饭送到山上。为了加快挖山的速度,他化为一头神力无比的大黑熊,连推带挖,很快就把山挖掉了大半。正干得起劲时,劈山时一块崩裂的石头误触皮鼓,禹妻闻听鼓声,连忙烧火做饭。

当她拖着已怀孕的笨身子送饭到山上时,东张西望不见丈夫的踪影,却见一头威猛的大黑熊在跳跃奔忙,吓得扭头就跑,大禹见此情景,顾不得变回原形就冲妻子追去,妻子受到惊吓,顷刻间化作一块巨石。大禹大声呼唤着妻子和将要出生的孩子,只听一声巨响,巨石突然开裂,从中蹦出一个婴儿,这就是禹的儿子启。于是后人便称这块裂开的巨石为"启母石"。西汉武帝游览嵩山时,被这个传说所感动,下令在这里修建了启母庙。

大禹治理黄河时有三件宝,一是河图;二是开山斧;三是避水剑。

传说河图是黄河水神河伯授给大禹的。

河伯查水情,画河图,等他把河图画好后,已年老体弱了。

后来,到了大禹治水的时候,河伯决定把黄河河图授给他。

这一天,河伯听说大禹带着开山斧、避水剑来到黄河边,他就带着河图从水底出来,寻找大禹。河伯和大禹没见过面,谁也不认识谁。河伯走了半天,累得正想歇一歇,看见河对岸有一个年轻人。这年轻人英武魁伟,河伯就喊着问:"喂,你是谁?"

对岸的年轻人不是大禹，是后羿。他抬头一看，河对岸有一个仙风道骨的老人在喊，就问道："你是谁？"

河伯高声说："我是河伯，你是大禹吗？"

后羿一听是河伯，顿时怒冲心头，冷笑一声，说："我就是大禹。"说着张弓搭箭，不问青红皂白，嗖的一箭射中河伯左眼。河伯拔箭捂眼，疼得直流虚汗。心里骂道："混账大禹，不讲道理！"他越想越气，就去撕那幅水情图。正在这时，猛地传来一声大喊："河伯，不要撕图。"河伯忍痛用右眼一看，对岸一个头戴斗笠的人拦住了后羿，这个人就是大禹，他知道河伯画了幅黄河河图，正要找河伯求教呢。后羿推开大禹，又要搭箭张弓，大禹死死拽住他，把河伯画图的艰辛讲了一遍，后羿才后悔自己莽撞。

后羿随大禹一同蹚过河，后羿向河伯承认了过错，河伯也没多怪罪。大禹对河伯说："我是大禹，特地向您请教治理黄河的办法。"

河伯说："我的心血和治河办法都在这张图上，现在给你吧。"大禹展图一看，图上密密麻麻，圈圈点点，把黄河上上下下、左左右右的水情画得一清二楚。大禹高兴极了，他要谢谢河伯，一抬头，河伯跃进黄河早没影了。

大禹得了黄河水情图，日夜不停，根据图上的指点，终于成功治理了黄河。

三过家门而不入

大禹治水三过其门而不入的故事被世人广为传颂，这个故事说的是他在治理家乡沣河和黑河时的感人事迹。

大禹外出治水后，第一次路过家门是在出门后的第 10 个月。这天，大禹路过家门，正巧听到孩子呱呱的啼哭声，妻子边哄孩子边骂大禹是个不顾家的死鬼，同行的人都放慢了脚步。有人说："禹王，您回家住几天吧！"大禹没有停住脚步，边走边说："现在灾情严重，治水要紧！"跟随的人说："您还没有见过自己的亲生孩子，回家看一眼吧。"大禹也很想进门去看看妻子和刚出生的孩儿，可一想，治水的事情很多，还有许多事要他去办，因而摇了摇头，郑重地说："我们现在重任在肩，可不能因家事而误了国事！"说完，他就大踏步地向前走去。

第二次路过家门时，他看见妻子抱在怀里的儿子已经会说话了，妻子正在教儿子喊爸爸，启也很乖巧地边笑边喊爸爸。大禹看到这一幕，不禁热泪盈眶，但治水工程不容耽搁，他擦了擦脸上的泪水转身就要离开。这时，妻子看见了大禹，赶忙出来迎接，看到大禹一副疲惫的模样，妻子疼惜地说："快回家歇歇吧，看你累的，我给你换身衣服。"大禹接过儿子亲了亲，说："不成啊，许多人被洪水围在高地，我要去救人啊！"说着，把儿子送到妻子怀里，安慰了她几句就转身走了，还是没有回家。

第三次过家门，当妈妈告诉启爸爸就在家门口时，启跑出家门，一把拉住了禹，使劲把他往家里拉。大禹一把抱起了儿子，激动得热泪两行，他深情地抚摸着儿子的头，让他告诉妈妈，因为治水工作非常繁忙，他一时还回不了家。等开挖渠道把洪水归入大海后就会回来和全家人团聚的。大禹放下儿子转身就走，儿子在其后一路追着，哭喊着让爸爸回家，大禹回头冲儿子和妻子挥了挥手，抹了一把眼泪加快了脚步，又一次匆忙离去。

大禹在家乡治水，三过家门而不入的故事被人们广为传颂。家乡三过村一带还流传着这样的歌谣：一过家门听骂声，二过家门听笑声，三过家门捎口讯，制服洪水转家中。大禹一生为民谋福，治水时三过家门而不入，这种顾念百姓、公而忘私的精神值得后人敬仰。这四句普普通通的家常话，可以说体现了大禹的事业心和责任感，大禹的精神难能可贵，世所罕见。

大禹治水成功后，再接再厉，将洪水时期分割的各个部落的地块联成整体，划天下为九州，九州各铸一鼎，设官治理。4条神态各异的龙，腾云驾雾拉着车，载大禹检阅九鼎，这表明了大禹借治水成果进一步完成了华夏统一的宏伟大业。

大禹受万民拥戴，曾推辞舜的禅位而闭门不出。但百姓坚决拥戴禹为天子。大禹不得已，只好答应，百姓欢呼声震天动地。

后来，大禹的儿子启建立了夏，开创了中国历史上第一个王朝。

太白篇

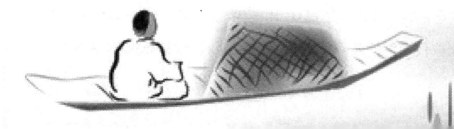

伯夷、叔齐首阳甘受饿

周至县城西南30千米处有座首阳山（终南山的一座小山峰），孤竹国伯夷和叔齐两个王子曾在这里隐居过，山名因伯夷曾诗曰"奇哉美哉首阳山"而得其名。

相传伯夷、叔齐是商朝末年孤竹国（政治中心在今河北省卢龙县西，包括今迁安市、迁西县、滦县等地）国君的长子和三子。孤竹国国君在世时，想立叔齐为王位的继承人，他死后，叔齐要把王位让给长兄伯夷。伯夷说："你当国君是父亲的遗命，怎么可以随便改动呢？"于是伯夷逃走了。叔齐仍不肯当国君，也逃走了，百姓就推举孤竹国君的二儿子继承了王位。

伯夷、叔齐兄弟之所以让国，是因为他们对商纣王当时的暴政不满，不愿与之合作。他们隐居渤海之滨，等待清平之世的到来。后来，听说周族在西方强盛起来，周文王是位有道德的人，兄弟二人便长途跋涉来到周的都邑岐山（今陕西岐山县）。此时，周文王已薨，武王即位。武王听说有两位贤人到来，派周公姬旦前往迎接。周公与他们立书盟誓，答应给他们兄弟第二等级的俸禄和与此相应的职位。他们二人相视而笑说："奇怪，这不是我们所追求的那种仁道呀。"

见周因商朝政局败乱而急于发展壮大，崇尚计谋而行贿赂，依仗兵力而壮大威势，用牲畜血涂盟书的办法向鬼神表示忠信，到处宣扬自己的德行来取悦于民众，用征伐、杀戮来求利，这是用错误的行为来取代商纣的残暴统治，他们二人对投奔西周感到非常失望。

当周武王带着装有其父亲周文王的棺材，挥军伐纣时，伯夷拦住武王的马头进谏说："父亲去世不埋葬却发动战争，这叫做孝吗？身为商的臣子却要弑杀君主，这叫做仁吗？"周围的人要杀伯夷、叔齐，被统军大臣姜尚制止了。

周武王灭商后，成了天下的宗主。伯夷、叔齐却以自己归顺西周而感到羞耻。为了表示气节，他们不再吃西周的粮食，隐居在首阳山，以山上的野菜为食。周武王派人请他们下山，并答应以天下相让，他们仍拒绝出山仕周。后来，一位山中妇人对他们说："你们仗义，不食周朝的米，不久，你们采食的这些野菜也就成为周朝的了！"妇人的话提醒了他们，于是他们就连野菜也不吃了。到了第7天，快要饿死的时候，他们唱了一首歌，歌词大意是："登上那首阳山啊，采集野菜充饥。西周用残暴代替残暴啊，还不知错在自己。神农、舜、禹的时代忽然隐没了，我们的归宿在哪里？哎呀，我们快死去了，商朝的命运已经衰息。"不久，他们饿死在首阳山脚下。

伯夷、叔齐和周勃（随从）在首阳山饿死后，儒家尊三人为圣贤，道家尊三人为大太白、二太白和三太白。

旧戏中就经常唱道："昔日里伯夷、叔齐二大贤，兄弟二人让江山。弟让兄来兄不坐，兄让弟来弟不担。兄弟二人无处奔，一同隐居首阳山。饿了吃些松柏籽，渴了就去饮清泉。老天下了鹅毛雪，冻死二人好可怜。太公身背封神榜，封他二人太白仙。"这戏文中所说的就是这个故事。

太白篇

夷齐思想及其影响

伯夷、叔齐死后,见于文献记载的最早赞美伯夷、叔齐的人就是孔子。孔子在《论语》中曾先后多次赞扬伯夷、叔齐。"伯夷、叔齐不念旧恶,怨是用希";"伯夷、叔齐何人也? 曰:古之贤人也";"怨乎? 求仁而得仁,又何怨? ";"不降其志,不辱其身,伯夷、叔齐与? "

首先,伯夷、叔齐兄弟让国,充分体现了"仁"的道德标准。孔子也赞扬他们"求仁得仁"。孔子儒家思想的核心和最高道德标准也是"仁";第二,"义"。让国,首先就是"义"字当先的,行为是无比高尚的;第三,"礼"。伯夷、叔齐"耻食周粟",宁死不屈,用孔子的话说就是"不降其志,不辱其身"。这就是儒家提倡的"礼";第四,"孝"。伯夷以父命为尊,宁可不做君王,也不违背父亲的遗愿,这就是"孝"。兄弟让国,体现的是"悌"。

伯夷、叔齐故事的广泛传播,在周边国家也产生了很大影响。

一、伯夷、叔齐对朝鲜的影响

传说殷商灭亡后,箕子从孤竹国带走数以万计的孤竹臣民,奔赴朝鲜,并建朝鲜国。同时也把伯夷、叔齐的故事带到朝鲜。汉武帝时期,曾征讨并统治过朝鲜部分地区。朝鲜全面吸收汉文化,伯夷、叔齐对他们影响很大。1473 年,汉学家李边受朝鲜成宗之命编撰《训世评话》,共编有 65 则古代故事,主要取材于中国古书,其中就有"伯夷、叔齐篇"。后此书多次再版,对朝鲜社会民众影响深远。明清时期,不少朝鲜诗人、学者拜谒夷齐庙,题写诗文,讴歌伯夷、叔齐。

二、伯夷、叔齐对日本的影响

日本江户时代,德川光国爱读《史记》,尤其敬慕伯夷的气节。明朝末年,德川家先祖建"得仁堂",将伯夷、叔齐的木雕像安置在堂内,并依据孔子评论伯夷、叔齐时所说的"求仁得仁"而将其命名为"得仁堂"。

日本江户时代赤穗四十七义士为主人报仇,然后集体剖腹自杀。日本小说家宫成谷昌中的"义人"之说,实出自《史记·田敬仲完世家》,武王伐纣,伯夷、叔齐扣马而谏,太公没有杀他们,还称他们是"义人"。从这些也可以看出伯夷、叔齐故事对日本的影响。

三、伯夷、叔齐对越南的影响

汉元鼎五年(公元前112年),汉武帝置南越九郡,推行儒学,伯夷、叔齐自然也随之影响到越南。

元代,越南状元莫挺之曾写《扇子铭》,奉君命出使元朝,当时因为其貌不扬而受到元朝文武官员藐视,正逢外国有使者进贡扇子,于是题写《扇子铭》,自比为伯夷、叔齐。

 相关链接 ·······································

扇 子 铭

流金烁石,天地为炉。尔于斯时兮,尹周大儒;

北风其凉,雨雪载途,尔于斯时兮,夷齐饿夫;

噫！用之则行,舍之则藏,惟我与尔有是夫！

译文:盛夏炎炎,天气如火,燃星流金,天地间如火炉。你这时候就像尹伊、周公那样有才有德的读书人;北风飕飕,天气开始转凉,雨雪经常在道路上出现了。扇子,你在这时就成了伯夷、叔齐那样不受供养的人。唉! 用到自己的时候就愉快地去,用不到的时候就藏而不露,只有我和你才具有这种高贵的品质啊!

饭间家话首阳山

首阳山,海拔高,温差大,气候凉爽,常有"山上红日出,山腰细雨飞"的景象,它是秦岭第二主峰。

首阳山寓人文景观、自然景观于一体,景点30余处。其中颇负盛名者有观音山、舍身崖、眼光亭、熊岔庙、母猪江、雷击坡、母猪江、天宫花园、嫦娥沐浴湖、五花石、太白庙等。现简述其中几处景点的故事。

舍 身 崖

相传无量祖师练功多年却不能成仙,百思不得其解,祈求观音指点,观音菩萨道:"你之所以不能成仙,是因为你不愿舍去肉身,如果你舍去了肉身,凭你多年的修行,定会步入仙境。"于是,无量祖师便选此崖舍去肉身,成了仙,在仙界成为一代无量祖师,故此崖名曰"舍身崖"。

在"舍身崖"畔悬崖东上方,有一小洞,当地称"求子洞",民间传说那些新婚的男女或多年不育者,都要来此用小石向洞内投掷,如果投入洞中,便必得贵子。

眼 光 亭

过"舍身崖",经过一段由百年树根形成的山道,便可登上"眼光亭"。"眼光亭",南与观音山正殿相映,北与群峰相呼。微风过处,松涛阵阵,四周张望,群山尽在脚下,阡陌尽收眼底,顿觉眼界开阔。"眼光亭"内,菩萨手持"眼光",明察秋毫,驱邪恶,保佑着世间善良的人们。

熊 岔 庙

民间传说,在商、周大战时,居住在首阳山上的伯夷、叔齐让驯养的两只黑熊把守着这里的岔道,一有周朝的官兵出现,两只黑熊立即掀倒含有易燃物质的两棵大树,燃起大火,向山上传递消息。为了纪念这两只有功的黑熊,特在此修建庙宇一座,故名曰"熊岔庙"。

雷 击 坡

顾名思义,它是雷、电经常光顾的山坡。山坡被雷、电所击,燃起大火,把枝干挺拔的千年古树整修成了秃枝,在繁藤矮枝映衬下格外显眼,山坡上的枯枝有间隙的站立着,宛然像寺院内早朝的和尚,那般的肃穆,与四周苍绿的山体相比迥然不同。

母 猪 江

过了"雷击坡",又钻进深深的林木中,经过"故儿崖"和一大片长满桦树的较为平缓的山坡——"桦树躺",便踏上了首阳山的山脊。站在山脊,向西南方向望去,山石间掩映着丛丛簇簇各色林木,穿过林木是一片平坦、松软的草甸地,五颜六色的野花在微风的吹拂下晃动着,这片大草甸就是"母猪江"。"母猪江"地处盆地之内,地势低而平坦,水草茂盛,常有山猪在此拱吃草根,天气炎热的时候,山猪在找到的水坑里打滚,弄得满身泥浆,常常三五成群的,小的跟着老的在毫无人迹的松软的草甸上来回走动,而形成"母猪浆"。而后,人们觉得此处景色别致,且有山猪在此玩耍,自成情趣,保持着原始的生态美,故将"浆"化为"江"。"母猪江"名江而非江,其奇异之处是瞧见草中明有水,蹚过水却不湿脚。

嫦娥沐浴湖

越过"母猪江",向东,经过一段密密的丛林,翻过一个小坡之后,眼前豁然开朗,山顶到了。山顶很平坦,一大片草地,足有百余亩。万花竞放,这就是名副其实的天宫花园。正中,有一汪湖水,即为"嫦娥沐浴湖",这里是嫦娥仙子沐浴的地方。相传,山上老一辈人家曾多次窥见过嫦娥仙子的美貌。有时,仙子一人而来,有时她携众多仙女嬉笑而至。每当人们听到仙乐声,看到天空五彩云时,就知道嫦娥仙子和众仙女来山顶湖里沐浴了。湖水映着蓝天、白云、星辰,碧蓝清澈,像少女那会说话的眼睛一般含情脉脉。据说此湖天旱则水盈,天冷则水暖。湖内偶有落叶杂草,自有仙雀叼走,保护着湖面的清洁。

五 花 石

在山顶,可看到首阳山五花石。虽为岩石,可似金胜银,随着阳光强弱变化,因观赏角度的不同,变换出神奇的色彩:忽而犹如鱼肚,忽而似黑熊怒吼,忽而显现出熊猫攀竹时可爱的憨相。看起来天然处之,可猛然又变成各式人形:有悲哀的老头,有怀抱婴儿神情坦然的母亲,也有正襟危坐的菩萨……神态各异的五花石,越临近山峰看得越真切,人们把这里称为"天宫花园"。

太 白 庙

天宫花园北侧,五花石下建有一座太白庙,是专为纪念两位先贤——伯夷、叔齐而建的。据《史记·伯夷列传》载:周武王灭了殷纣以后,天下就归附周朝了,而伯夷、叔齐却以做周的臣民为耻,为了坚守节义,便不吃周的米粮,隐居首阳山,采山果充饥,最后饿死在这里,两位仁人贤士永远与这幽静、迷人的山峰融为一体,早迎朝阳晚观霞,夏伴流水冬听雪,秋日里赏那山光水色、云雾缭绕的美景,读那满山红透野果飘香的秋,向游人述说着一个忠贞而久远的故事。

太白篇

赞颂伯夷、叔齐的诗歌

九章·橘颂

屈 原

后皇嘉树,橘徕服兮。

受命不迁,生南国兮。

深固难徙,更壹志兮。

绿叶素荣,纷其可喜兮。

曾枝剡棘,圆果抟兮。

青黄杂糅,文章烂兮。

精色内白,类任道兮。

纷缊宜修,姱而不丑兮。

嗟尔幼志,有以异兮。

独立不迁,岂不可喜兮?

深固难徙,廓其无求兮。

苏世独立,横而不流兮。

闭心自慎,终不失过兮。

秉德无私,参天地兮。

愿岁并谢,与长友兮。

淑离不淫,梗其有理兮。

年岁虽少,可师长兮。

行比伯夷,置以为像兮。

读史述·九章·夷齐

晋　陶渊明

二子让国,相将海隅。

天人革命,绝景穷居。

采薇高歌,慨想黄虞。

贞风凌俗,爰感懦夫。

杂曲歌辞·少年子

唐 李 白

青云少年子，

挟弹章台左。

鞍马四边开，

突如流星过。

金丸落飞鸟，

夜入琼楼卧。

夷齐是何人，

独守西山饿。

续古诗十首（其三）

唐 白居易

朝采山上薇，

暮采山上薇。

岁晏薇亦尽，

饥来何所为。

坐饮白石水，

手把青松枝。

击节独长歌，

其声清且悲。

枥马非不肥，

所苦长縶维。

豢豕非不饱，

太白篇

所忧竟为牺。

行行歌此曲，

以慰常苦饥。

咏史诗·首阳山

唐　胡　曾

孤竹夷齐耻战争，

望尘遮道请休兵。

首阳山倒为平地，

应始无人说姓名。

题夷齐庙

宋　司马光

夷齐双骨已成灰，

独有清名日日新，

饿死沟中人不识，

可怜今古几多人。

和夷齐西山歌

宋　文天祥

彼美人兮，西山之薇矣。

北方之人兮，为吾是非矣。

异域长绝兮，不复归矣。

凤不至兮，德之衰矣。

钓　台

明　刘　基

伯夷清节太公功，

非处非邪岂必同？

不是云台兴帝业，

桐江无用一丝风。

清节祠

元　徐　琼

国统人推仲子承，

首阳甘饿有余情。

两逃兄弟彝伦重，

一谏君臣大义明。

殷地既非薇自老，

周邦虽有粟无生。

故墟古庙昭旌额，

篡逆相过愧岂生。

谒夷齐庙

明　韩应庚

清圣非苦节，洒见纲常先。

君父固攸重，子臣情堪怜。

此情不自已，奚恤后誉延。

21

太白篇

邈矣采薇事，市朝已数迁。

谁招饿夫魂，庙食首阳颠。

寒松复碧瓦，古殿生黄烟。

遗像俨生存，咫尺手足连。

拱拜瞻容色，恭逊蔼周旋。

盘无周室粟，陇有洞山田。

粢盛戒清酤，伏腊击肥鲜。

光灿北海滨，历历三千年。

高风自长久，污世空颠沿。

所以嗟贪夫，身没名不传。

《封神演义》中对伯夷、叔齐的赞诗

昔阻周兵在咸阳，

忠心一点为成汤。

三分已去犹啼血，

万死无辞立大纲。

水土不知新世界，

江山还念旧君王。

可怜耻食周朝粟，

万古常存日月光。

老子篇

老子其人

老子是春秋时期楚国苦县(今河南鹿邑东)厉乡曲仁里人(一说为今安徽涡阳人),姓李名耳,字伯阳。为周朝的"守藏室之史",相当于管理王室藏书的官员。据道教的史料记载,老子约诞生于农历二月十五日。老子的思想主要保存在他的著作《道德经》中。道教奉其为教祖,在神话故事中被称为"太上老君"、"道德天尊"。

曾问学于老子的人较多,如崔瞿、士成绮等。其中最著名者当为孔子。而真正传老子之学的有关尹、庄周、列御寇等。司马迁认为:庄周之学无所不窥,然其要归本于老子之言。《吕氏春秋·不二》也指出:老聃之学贵柔,关尹之学贵清,子列子之学贵虚。由此可以看出,他们三者的思想是一脉相承的。

老子及其《道德经》在后世之所以能产生重大的影响,还跟中国土生土长的宗教——道教有关。道教经典总集——《道藏》中有各个时期对老子《道德经》的注解 50 余种,从经国、理身、论兵等各个方面阐发《道德经》的意义;还有关于老子的各种传记、年谱,如《太上混元真录》等;而托太上(即老子)以立言的道教经典更是数目众多。因此,老子的思想在后世能继续承传、发展,并对历史、社会产生巨大的影响,道教作出了很大的贡献。

孔子求教

老子与孔子均是春秋时期的人，老子年长于孔子。孔子非常敬重老子渊博的学识，于是与弟子南宫敬叔不远千里拜师求教。

公元前518年的一天，孔子对弟子南宫敬叔说："周之守藏室之史老聃，博古通今，知礼乐之源，明道德之要。今吾欲去周求教，汝愿同去不？"南宫敬叔欣然同意，随即报请鲁君。鲁君准行。遣一车二马一僮一御，由南宫敬叔陪孔子前往。老子见孔子千里迢迢而来，非常高兴，教授之后，引孔子访大夫苌弘。苌弘善乐，授孔子乐律、乐理；又引孔子观祭神之典，考宣教之地，察庙会礼仪，使孔子感叹不已、获益匪浅。逗留数日后孔子向老子辞行。老子送至馆舍之外，赠言道："吾闻之，富贵者送人以财，仁义者送人以言。吾不富不贵，无财以送汝，愿以数言相送。当今之世，聪明而深察者，其所以遇难而几至于死，在于好讥人之非也；善辩而通达者，其所以招祸而屡至于身，在于好扬人之恶也。为人之子，勿以己为高；为人之臣，勿以己为上，望汝切记。"孔子顿首道："弟子一定谨记在心！"

行至黄河之滨，见河水滔滔，浊浪翻滚，其势如万马奔腾，其声如虎吼雷鸣。孔子伫立岸边，不觉叹曰："逝者如斯夫，不舍昼夜！黄河之水奔腾不息，人之年华流逝不止，河水不知何处去，人生不知何处归？"闻孔子此语，老子道："人生天地之间，乃与天地一体也。天地，自然之物也；人生，亦自然之物；人有幼、少、壮、老之变化，犹如天地有春、夏、秋、冬之交替，有何悲乎？生于自然，

老子篇

死于自然,任其自然,则本性不乱;不任其自然,奔忙于仁义之间,则本性羁绊。功名存于心,则焦虑之情生;利欲留于心,则烦恼之情增。"孔子解释道:"吾乃忧大道不行,仁义不施,战乱不止,国乱不治也,故有人生短暂,不能有功于世,不能有为于民之感叹矣。"

老子道:"天地无人推而自行,日月无人燃而自明,星辰无人列而自序,禽兽无人造而自生,此乃自然为之也,何劳人为乎?人之所以生、所以无、所以荣、所以辱,皆有自然之理、自然之道也。顺自然之理而趋,遵自然之道而行,国则自治,人则自正,何须津津于礼乐而倡仁义哉?津津于礼乐而倡仁义,则违人之本性远矣!犹如人击鼓寻求逃跑之人,击之愈响,则人逃跑得愈远矣!"稍停片刻,老子手指浩浩黄河,对孔子说:"汝何不学水之大德欤?"孔子曰:"水有何德?"老子说:"上善若水。水善利万物而不争,处众人之所恶,此乃谦下之德也;故江海所以能为百谷王者,以其善下之,则能为百谷王。天下莫柔弱于水,而攻坚强者莫之能胜,此乃柔德也;故柔之胜刚,弱之胜强坚。因其无有,故能入于无间,由此可知不言之教、无为之益也。"孔子闻言,恍然大悟道:"先生此言,使我茅塞顿开也。众人处上,水独处下;众人处易,水独处险;众人处洁,水独处秽。所处尽人之所恶,夫谁与之争乎?此所以为上善也。"老子点头说:"汝可教也!汝可切记,与世无争,则天下无人能与之争,此乃效法水德也。水几于道,道无所不在,水无所不利,避高趋下,未尝有所逆,善处地也;空处湛静,深不可测,善为渊也;损而不竭,施不求报,善为仁也;圆必旋,方必折,塞必止,决必流,善守信也;洗涤群秽,平准高下,善治物也;以载则浮,以鉴则清,以攻则坚强莫能敌,善用能也;不舍昼夜,盈科后进,善待时也。故圣者随时而行,贤者应事而变;智者无为而治,达者顺天而生。汝此去后,应去骄气于言表,除志欲于容貌。否则,人未至而声已闻,体未至而风已动,张张扬扬,如虎行于大街,谁敢用汝?"孔子道:"先生之言,出自肺腑而入弟子之心脾,弟子受益匪浅,终生难忘。弟子将遵奉不怠,以谢先生之恩。"说完,告别老子,与南宫敬叔上车,依依不舍地离开楼观。

回到鲁国,众弟子问道:"先生拜访老子,可得见乎?"孔子道:"见之!"弟子问:"老子何样?"孔子道:"鸟,吾知它能飞;鱼,吾知它能游;兽,吾知它能走。走者可用网缚之,游者可用钩钓之,飞者可用箭取之,至于龙,吾不知其何以?龙乘风云而上九天也!吾所见老子也,其犹龙乎?学识渊深而莫测,志趣高邈而难知,如蛇之随时屈伸,如龙之应时变化。老子,真吾师也!"孔子对老子博大精深的哲学思想做了最精辟的概述。

中国神话小说中的老子

自从东汉张道陵创立道教,尊老子为道教祖师起,老子就堂而皇之走进了中国历代文人以道教为题材的神话小说之中。如明许仲琳的《封神榜》,明吴承恩的《西游记》等魔幻、神话小说中都有老子的记述和故事。

在许仲琳魔幻小说《封神榜》中,老子可算是个顶级人物,虽然说师父鸿钧老祖令他和师兄元始天尊、师弟灵宝天尊三人共同掌管"封神榜",但由于他神通广大,所以"封神榜"的事,是他一人说了算。要知他的神通如何,在《封神榜》中,"大破黄河阵"中就可见端详，三仙山的云霄、琼霄、碧霄三姐妹为师兄赵公明报仇，摆下了黄河大阵，子牙、燃灯率众仙迎战，三霄姐妹各施手中法宝杀得众仙在阵中乱窜，云霄用她的量天尺打掉了众仙手中的法宝，碧霄用她的混元金斗收了12大仙，琼霄用她的金蛟剪将燃灯的坐骑梅花神鹿拦腰剪断。子牙和燃灯两人大惊失色，忙施法土遁而去，众弟子尽陷阵中。子牙和燃灯忙上仙山请师傅元始天尊下山破阵，恰好三位天尊正在议事，于是元始天尊便邀灵宝天尊和老子下山破阵。见元始天尊和灵宝天尊均不敌三霄时，老子出手，抬手掷出乾坤圈收了三霄手中的法宝，施法术将三霄逐个击毙，且施放玲珑塔救出了众弟子，扬手摄来三昧真火把黄河大阵焚为焦土。子牙等人忙齐跪谢恩。

在吴承恩的神话小说《西游记》中，老子则是炼仙丹的太上老君。一石猴横空出世，把天庭搅得不得安宁，石猴大闹天宫，玉皇大帝命令托塔天王李靖和三太子哪吒率10万天兵天将前往剿杀，刚一开战，就被石猴打得落花流水，狼狈而去。无奈，玉皇大帝调来会七十二变、骁勇无敌的二郎神迎战石猴，结果二郎神也不敌石猴，当玉皇大帝惶恐无策时，是太上老君施法擒拿了石猴，并将石猴投入他的炼丹炉里。后来，虽然说石猴逃脱，但从其能耐来说，偌大一个天庭还算是太上老君的能耐最大。

东晋葛洪的《神仙传》中对老子的注释是："老子天生地生，其母怀孕72年生，生而白发，故称老子。一说为：其母于李树下生，生而能言，指树为姓。"东汉延熹八年（公元165年），边韶撰的《老子铭》，对老子的阐述是："离合与混沌之气，与三光为终始"、"道成化身，蝉蜕度世"。齐梁高道陶弘景《真灵位业图》定老子为太清太上老君,为第三位,居太清境太极宫,即三十六天中之第三十三天之上。《魏书》的《释老志》称太上老君"上处玉京,为神王之宗;下在紫微,为飞仙之主"。

唐代皇室,以老子李耳为同姓,累加尊号。唐高宗尊太上老君为"太上玄元皇帝",唐玄宗三上尊号,称"大圣祖高上大道金阙玄元天皇大帝"。

道教宫观中的三清殿是奉祀道教三位最高神灵的殿堂,这三位最高神灵分别是:元始天尊、灵宝天尊和道德天尊。"三清",是指元神所居之三处圣境,即玉清圣境(在清微天,三十六天)、上清真境(在禹余天,三十五天)、太清仙境(在大赤天,三十四天)、合称"三清境";又指分别住在三清境的三位至高神,即元始天尊(也称"玉清大帝",手托混元珠)、灵宝天尊(也称"太上道君"、"上清大帝",手执玉如意)、道德天尊(也称"太上老君"、"混元老君"、"降生天尊"、"太清大帝"等,手执羽扇)。其神位顺序:元始天尊居中,灵宝天尊居元始天尊之左,道德天尊则居元始天尊之右。道德天尊就是人们所说的老子,其神像常是一白须、白发老翁。

老子学说对人类的贡献

老子所著《道德经》的论述面既宽且深,代表中国古代哲学思想的精髓,对人类作出了卓著的贡献,其贡献归纳如下:

一、对宇宙本源的认识

《道德经》第二十五章的记载:"有物混成,先天地生。寂兮寥兮,独立而不改,周行而不殆,可以为天下母。吾不知其名,字之曰道。强为之名曰大。"那么,什么是道呢?《道德经》第一章:"道可道,非常道。"第二十一章:"道之为物,惟恍惟惚。惚兮恍兮,其中有象;恍兮惚兮,其中有物;渺兮冥兮,其中有精,其精甚真,其中有信。"第十四章还补充说:"其上不徼,其下不昧,绳绳兮不可名,复归于无物,是谓无状之状,无物之象,是谓恍惚。"他的这些话就在全面地说明"道就是宇宙的本源",是茫茫无涯际、不可言说的空虚无形的一种状态。这种没有形状的形状,没有物体的形象就叫做"恍惚"。

二、创立了宇宙起源论学说

《道德经》第四十二章中说:"道生一,一生二,二生三,三生万物。"道本来就如老子所说为"无状之状,无物之象。"(《道德经》)这和当代宇宙起源论从混沌状态逐渐演化的学说极其相似。也正是《道德经》中所描述的:"名,万物之始也;有名,万物之母也。"及"天下万物生于有,有生于无。"在"恍惚混沌"逐渐变化的阶段,他称之为"无"。这样,宇宙才又逐渐从"有"而产生万物。他的宇宙起源论的学说比西方要早2 000多年,是值得称道的。

三、确立宇宙中万事万物以及人事运行的规律

老子认为宇宙中的万事万物及人事运行的规律都以"道"为最高准则。他说:"人法地,地法天,天法道,道法自然。""孔德之容,惟道是从。"(《道德经》第二十五章及二十一章)前者说明"道"依据自然法则,影响着万事万物以及人类。后者说明大德之人的仪容是遵从"道"的。他在《道德经》第五十一章中又说:"道生之,德畜之,长之育之,亭之毒之;养之覆之。生而不有,为而不恃,长而不宰,是谓玄德。"这里说明"道"产生万物,"德"抚养万物,使万

物成长、发育、稳定、成熟，养育万物，保护万物。"道"使万物生长而不据为己有，对万物有所作为而不自恃有恩，使万物滋长而不加以主宰，这便叫做深远的道德。老子还曾在《道德经》第三十四章中说："大道氾兮，其可左右。万物恃之以生而不辞；功成不名有，衣养万物而不为主。"这就是说，大道像水一样漫溢，流于万物左右，使它们依靠它生长而不推辞，成功了却不居功，护养万物而不作它们的主宰。这些章节都说明天地万物和人类都受自然和社会历史规律的主宰，这是不以人们的意志为转移的。

四、提出了朴素的辩证思想

在第一、二章中所说的："道可道，非常道，名可名，非常名。""天下皆知美之为美，斯恶矣；皆知善之为善，斯不善矣。故有无相生，难易相成，长短相形，高下相倾，音声相和，前后相随。"对"道"和"名"、"善"和"恶"的解释便是非常辩证的。第二十二章提出："曲则全，枉则直，洼则倾，敝则新，少则得，多则惑。是以圣人抱一以为天下式。不自见，故明；不自是，故彰；不自伐，故有功；不自矜，故长。夫惟不争，故天下莫能与之争。"和在第二十四章所说的"自见者，不明；自是者，不彰；自伐者，无功；自矜者，不长。"正好在对比中说明人类生活如何自知、自处和如何运用辩证法。第四十章指出："反者道之动，弱者道之用。天下万物生于有，有生于无。"描述了天下万事和人生中对立面展开的原理。在第五十八章所提出的"祸兮，福之所倚；福兮，祸之所伏"则进一步说明了事物对立面相互依存、相互转化的原理。第四十章中所说的："反者道之动，弱者道之用。天下万物生于有，有生于无。"也说明了上述这个道理。指出事物向相反的方向发展便会发展到它的反面,天下的事物从"有"产生,而"有"又从"无"产生,进一步说明人、事、物相辅相成的道理。宇宙中的万事万物是时时变化着的,是对立统一的,这种"变化"的本身、"变化"的主体,就是"道"。总之,老子的朴素的辩证法思想是非常丰富的,这正是他观察事物的方法论基础,是值得我们认真学习和研究的。

五、规范做事、做人的道理

老子对待自己,规劝朋友,都强调操守,这也使得孔子在会见老子后,对他的弟子说出了他对老子高尚人格的赞赏:"吾今日之见老子,其犹龙也!"(《史记·老子列传》)老子的人格是时代的反映。他对当时人心奸诈,国与国争战不休的局面忧心如焚。在全面考虑人心以后,曾说:"信言不美,美言不信;善者不辩,辩者不善。"并主张:"圣人不积,既以为人己愈有;既以与人己愈多。天之道,利而不害。圣人之道,为而不争。"(《道德经》第八十一章)所以,他特别强调正面教育,言行统一,爱人利他。他这样做正是以守信实,做好事,不自私,不争利,作为转变人心、改造社会的基础,决非苟且偷生者可比。他在《道德经》中所说的:"生而不有,为而不恃,功成而弗居"正是他入世为民、立功不求名、大公无私的人格写照。《道德经》第十章和第十九章中所说的:"生而不有,为而不恃。长而不宰,是谓玄德。""见素抱朴,少私寡欲。"都强调:人不要主观,不可有私心。这种大公无私的道德便是老子人格的支柱。在《道德经》第二十一章,他还进一步指出:"孔德之容,惟道是从。道之为物,惟恍惟惚。惚兮恍兮,其中有象;恍兮惚兮,其中有物;窈兮冥兮,其中有精。其精甚真,其中有信,自古及今,其名不去,以阅众甫。"他以空为德,他认为有大德的人是尊重"道"的。"道",无形,却有实物、有精气、可信、可验贯穿古今,这便是老子人格力量的根源。

六、推崇"无为而治"的辩证思想

《道德经》第三章写道:"弗为而已,则无不治矣。"老子认为无为而治,正是天道的表现。只要实行"无为",国家就没有治不好的。"无为而治"使民风醇厚,便能使国家长治久安。这"无"和"有"是辩证统一的,是客观事物属性的两个方面,是相辅相成的。第五十七章写道:"以正治国,以奇用兵,以无事取天下。吾何以知其然哉?天下多忌讳,而民弥贫;人多利器,国家滋昏;人多技巧,奇物滋起;法令滋彰,盗贼多有。故圣人云:'我无为,而民自化;我好静,而民自正;我无事,而民自富;我无欲,而民自朴。'"第五十八章又接着写道:"其政闷闷,其民淳淳;其政察察,其民缺缺。""是以圣人方而不割,廉而不刿,直而不肆,光而不耀。"老子所讲的"无"和"有"是辩证统一的,是客观属性的两个方面,是相辅相成的。在《道德经》第八章,老子以"上善若水。水善利万物而不争。"说明最善的人像水一样,善于使万物得到利益而不与之争,进一步阐发了"无为即无不为"的积极意义。有些主观唯心主义者以"唯意志论"观点把个人的主观愿望强加于人民大众,因为它违背了自然和社会历史发展的客观规律,常常碰得头破血流,一事无成。在中国古代历史上,孔子就曾讲过:"无为而治,其舜也欤。"(《论语》)管子也曾说过:"无为者,帝;为而无为者,王;为而不自贵者,霸。"(《管子》)这种"处无为之事,行不言之教"的治国纲领和领导艺术是我国从原始社会起,就被许多圣君、明主们所崇尚和执行。

七、确立"养生"修养的基本原则

老子的养生之道是以"道"为指导,与气功相联系,贯穿于他的整个生活,并影响我国道教的发展与道家的修炼。《道德经》第四章"道冲,而用之有弗盈也。渊兮,似万物之宗。"说明"道"本是空虚的,但是,用起它来却不会穷尽,因为它是那么渊博。道教对道家和老子《道德经》的继承,主要表现在他们把"道"奉为最高信仰及其教理的基础,然后加以发挥。同时,他们继承了老子和道家一贯崇慈、尚俭、贵柔、清静、无为的思想,强调了"载营魄抱"、"专气致柔"(《道德经》第十章)和"见素抱朴"、"少私寡欲"(《道德经》第十九章)等修养的基本原则。内丹学以老子"归根复命"的说法作为内炼成丹的基本理论根据,又以《道德经》中"恍惚"、"自然"、"守中"、"无为"、"有为"等词语作为内炼中的要点。

《道德经》第二十五章是老子"天人合一",人与环境保持平衡思想的基本章节。"有物混成,先天地生。寂兮寥兮,独立而不改,周行而不殆,可以为天地母"指出了天地万物初生的状态,然后说明"吾不知其名,强字之曰:道。"最后归纳为"人法地,地法天,天法道,道法自然"这一修心、养性、做人、处世、治国平天下的道理,这种朴素的宇宙观和认识论是值得我们学习的。

八、为世人提出治国之道和领导艺术

在周朝末年,天下纷争、诸侯割据的时代,他明辨是非,同情弱国贫民。他说:"民之饥,以其上食税之多,是以饥。民之难治,以其上之有为,是以难治。"(《道德经》第七十五章)

其次,老子认为:"故贵以身为天下,若可寄天下;爱以身为天下者,若可托天下。"(《道德经》第十三章)他对于领导的人选非常重视,只有那些把天下政治和治理天下政治看得比自己的身体还重要的人才能做领导人。

他对政治领导人提出:"以正治国,以奇用兵,以无事取天下。""故圣人云:'我无为,而民自化;我好静,而民自正;我无事,而民自富;我无欲,而民自朴。'"(《道德经》第五十七章)说明以正常的方法治国,用奇特的方法作战,以自然无为的方法治理天下的必要。"其民政闷闷,其民淳淳;其政察察,其民缺缺。""是以圣人方而不割,廉而不刿,直而不肆,光而不耀。"(《道德经》第五十八章)说明政治宽大,人民就醇厚;政治苛酷、黑暗,人民就狡黠。因此,圣人方正,而不残害人;直率,而不放肆。"治人事天,莫若啬。"(《道德经》第五十九章)说明治理别人或管理自己,都不如收藏精神积累道德而不用。"治大国,若烹小鲜,以道莅天下,其鬼不神。"(《道德经》第六十章)说明治理大国就像煮小鱼。"江海之所以能为百谷王者,以其善下之,故能为百谷王。是以圣人欲上民,必以言下之;欲先民,必以身后之。是以圣人处上而民不重,处前而民不害。是以天下乐推而不厌。以其不争,故天下莫能与之争。"(《道德经》第六十六章)说明江海能够使百川归向它的原因,是它善于处在低下的地位。因为不与,所以天下没有谁能够和他相争。"善为士者,不武;善战者,不怒;善胜敌者,不与;善用人者,为之下。是谓不争之德,是谓用人之力,是谓配天古之极。"(《道德经》第六十八章)说明善于做将帅的不尚武力;善于作战的不轻易愤怒;善于战胜敌人的,不勉强争斗;善于用人的,对人谦下。这叫做不与人相争的德,这叫做善于利用人的能力,这叫做与自然相

老子篇

配合,是自古已有的最高准则。

福地楼观台

道家把老子讲经论道的地方尊称为"说经台",老子在楼观的"说经台",位于陕西周至县终南山北麓楼观台内。

相传这里是当年老子讲授《道德经》之地,因周大夫尹喜于此结草为楼,观星望气,迎老子在此讲经说道而始名。这里是道教祖庭,是道文化发祥地。有诗曰:"关中河山百二,以终南为最胜,终南千峰耸翠,以楼观为最著名。"素有"天下第一福地"之美称。

自周朝起,有81位皇帝亲往或派官员祭拜老子达百余次。秦始皇祭祀老子,并于草楼前建清庙。汉武帝慕黄老,立望仙宫于观北,唐高祖李渊尊老子为先祖,在台下建宗圣观作为祖庙,元改名为宗圣宫。楼观台道观内殿、塔、台、洞、泉等文物多如繁星,有说经台清庙、宗圣宫、玉华观、会灵观、吕祖洞、炼丹峰、化女泉、仰天池、迎阳洞、十老洞、通道观、吾老洞、王母宫、延生观、大秦寺等。古往今来,李白、王维、白居易、苏轼、严达、汉钟离、吕洞宾等众多的文人墨客、高道仙侣在楼观台留下大量的优美诗章。

说经台坐落在观前一座小山包顶上,台内主要殿堂有四,即老子祠、斗姥殿、救苦殿和灵官殿。配殿有两座,即太白殿和四圣殿。山门两侧有钟、鼓二楼,对峙相望。山门前,有石阶盘道,蜿蜒而至台顶。山门西侧有一石砌泉池,名为"上善池",池内有一石雕龙头终年吐水不断。相传元至元元年至至元二年

（公元 1271－1272 年），周至地区发生瘟疫，无药可救，百姓死者无数。当时楼观台监院晚上做了个梦，梦见太上老君告诉他说："山门前有块石板，石板下有泉一眼，泉内有吾炼就之丹药，可治民疫。"监院醒来后觉得很奇怪，就令小道士在山门前寻找，果然在山门前的石板下挖出一泉。监院忙令人取水给患时疫的道士饮用，两个时辰后疫病神奇地痊愈了。消息传出后，远近百姓都来取水治病，时疫遂退。

唐武德二年（公元 619 年），高祖李渊为抬高门第出身，尊老子为其先祖，极力推崇道教。并敕令设专官在楼观大兴土木，扩建观宇，历时 7 载告竣，建成了规模空前、金碧辉煌的宫殿群落。唐武德三年（公元 620 年），高祖亲诣楼观老君祠庭，降诏该楼观为宗圣观。唐武德八年（公元 625 年）2 月，建《大唐宗圣观记》碑，命欧阳询撰书。高宗李治追封老子为"太上玄元皇帝"，亲至楼观祭祀。唐开元二十九年（公元 741 年），玄宗以夜梦老子真容为由，令人寻至楼观，掘得老子玉像一尊，迎至兴庆宫供奉，并在说经台东侧建会灵观，以志其事。大唐皇帝尊楼观为皇家祖庙，致其鼎盛。当时老子庙遍布全国，《道德经》为朝野所诵。京城设崇贤馆，规定道选制度，以《老子》等道家经典开科取士。并以道士、女冠隶属宗正寺（掌管皇家宗教事物的机构），视道士为皇族宗室。因此，常有朝臣、皇亲弃官辞宫入观修持。唐朝两位公主，玉真、金仙来楼观修持，均受诏封。武宗时，更取缔佛、景诸教，独尊道教。楼观地位崇隆，无与伦比。

楼观台留存有不少珍贵的碑刻，如唐代欧阳询撰书《大唐宗圣观记》、苏灵芝行书《唐老君显见碑》、员半千隶书《唐宗圣观主尹文操碑》、宋米芾行书《第一山》、苏轼行书《游楼观台题字》等。元高文举所书《道德经》碑两通，其字体介乎于石鼓文和大篆之间，书法劲力苍古，风格绚丽，近看是字，远看如花，字字珠玑如梅花初放，被后人誉为"梅花篆字碑"。

楼观说经台素有"仙都"之称。西周穆王时，这里山清水秀，林深谷幽，故常有方士、神仙家、炼丹家出没于此。周穆王也曾慕名西巡于此访道求仙。因而春秋时此地便有"神就乡闻仙里"之名，这里留下了说经台、古银杏（雌雄两株）、系牛柏等道教最古的圣迹，为后人敬仰之地。因此，楼观为天下道林张本之地，也是道教最早的教祖圣庭，而且，道教宫观的"观"字，也是从这里沿袭下来的。

几千年来，楼观以道家祖庭、人间仙寰，吸引了众多的帝王朝臣、文人墨客、著名道士，或礼谒凭吊，或栖止潜修，留下了丰富的文物古迹，词章典册，史话轶闻。"山不在高，有仙则名。水不在深，有龙则灵。"人们之所以景慕楼观，追本穷源乃是由于古圣人老子在这里讲述了《道德经》，这一博大精深、奇伟玄妙的经典，堪称华夏哲学之宗，推动了华夏文明的发展，并渗透于人的心灵。春秋时期，它导引了诸子百家争鸣，在科学文明昌盛的今天，它依然富有生机，指导着人们对客观世界的认识和实践。目前，研究老子已成为时尚，越来越多的西方学者也步入这一殿堂，探索老子思想底蕴，追溯人类文明的渊源，寻求科研的新契机。钟灵毓秀的古楼观，作为人文遗迹已成为研究中华道文化的重要组成部分，引起国际思想界的极大兴趣。

文人墨客的楼观情节

道教祖庭楼观台，故有"天下第一福地"之称。这里也是一块被历代皇帝看中的风水宝地，自周穆王起，先后有81位皇帝亲自或派人来此凭吊老子，周穆王来此游览过，秦始皇到此拜过山，汉武帝在此立过宫，唐高祖在此建过宗圣观……除皇帝外，也有数不清的文人墨客来此留下了诗篇、碑刻，李白、王维、苏轼等来此览胜、拜谒，米芾、赵孟頫等到此题字凭吊。

千古说楼观，百世颂老庄。号称天下"仙都"的终南山楼观台，载负着中华传统文化的宝藏，在唐、宋、明、清诗人的诗卷里尽显风采。岑参《题楼观台》写道："草楼荒井闭空山，关令乘云去不还。羽盖霓旌何处在，空留药臼在人间。"虽然说诗意有点空灵，但"空留药臼在人间"的佳句却耐人寻味。人去楼空，空山不空，因为那儿有《道德经》碑刻和老子普济众生的"药臼"传世。

苏轼在任凤翔签判时，公务之余，曾多次来楼观歌咏凭吊，题《授经台》："剑舞有人通草圣，海山无事化琴工。此台一览秦川小，不待传经意已空。"深受道教文化熏陶的巴蜀才子登高望远，不是写景抒怀，而是以清新畅达的笔触，感悟道家和道教的玄妙意境。诗人另一首《题楼观南楼》："纷纷尘事日萦怀，一见南山眼暂开。好是晚云收拾尽，半天苍翠望中来。"则更显得大气、明快和豁亮。温庭筠《楼观题咏》写了它的早秋晓色："紫气氤氲捧半山，蓬莱仙掌共巉岩。庙前晓色连寒水，天外斜阳带远帆。"苏轼

老子篇

的《自清平镇游楼观五郡大秦延生仙游往返四日得》写了它的冬雪山景："鸟噪猿呼昼闭门,寂寥谁识古皇尊。"明代胡松所写的诗似一幅山水画,览尽楼观春色："东南胜处历游遍,选胜莫如此最优。层嶂依天尘自隔,广川带日翠仍浮,台叠三级若飞动,地僻群芳阻燕游。密旨不传谁与知,野花山谷若余酬。"楼观盛夏,一季四景,一日四季的奇妙景色,似春、夏、秋、冬四幅画卷显现在诗人的字里行间。读其诗,如同与其人携手游楼观台,清爽快意,妙趣横生。在清代诗人的作品里,楼观景物古貌依旧："浮云收渭北,初日照终南。""人烟生浦树,鸟语入晴岚。""远近峰峦迎翠盖,高低殿阁聚黄冠。""古刹入云霄,幽径通玉台。""仙台高与紫微连,缥缈天门锁瑞烟。""耸二仙台霭瑞霞,清虚宫殿伯阳家。""曲山曲水环邑居,棠铺绿野正扶疏。"

尹喜成就了楼观台,楼观台成就了诗人。楼观与诗人相得益彰,诗人的诗作在楼观得到彰显,楼观在诗人的笔下得到了永生。

紫气东来

要知"紫气东来"这个典故,首先就得从函谷关令尹喜说起。

尹喜,字文公,西周王朝的一位大夫,自幼博览古籍,精通历法,善观天文,习占星之术,能知前古而见未来。周昭王时期,他见天下将乱,便辞去大夫之职,来到终南山闻仙里,结草为楼,观星望气。一天夜里,尹喜在草楼上观察星象,忽见东方紫云聚集,形如飞龙,滚滚而来,遂预知有大圣人将西行入秦,惊喜不已,自语曰:"太阳气尽九,性宿值合,岁月并王,实乃吉兆!"又赋诗云:"紫气东来三万里,圣人西行经此地,青牛驾车载老翁,藏形匿迹混元气。"于是,他请求朝廷让自己担任函谷关令,在此天天沐浴,日日斋戒,派人洒扫道路,焚点香火,恭候圣人到来。

一日,夕阳西斜,站在城楼上的他,正要回身下城,忽见城下官道上驶来一辆怪车,其青牛硕大,而车则小巧;其车板甚薄,而载乘之翁高大。但见此翁披发皓首,赤颜大耳,双眉垂鬓,胡须拂膝,身着素袍鹤风仙貌,非同凡人。尹喜忙下城跪拜。老子试其神智曰:"吾一衰翁,何故行此大礼?"尹喜曰:"请大圣人暂留神驾,指点修行之道。"老子又曰:"老夫家居关东,田在关西,今往田中搬取柴火,怎成圣人?汝何知之?"尹喜对曰:"吾好观天文,略知变化。本月之初和风微至,紫气东来,主圣人西行。"老子顺手捋了捋长须,又笑曰:"你怎知驾青牛者就是我也?"尹喜笑着答曰:"紫气浩荡,滚滚如龙。紫气之前有青牛之星相牵,知圣人必乘青牛之车经此!"经过一番测验,老子知尹喜乃为可度之人,便含笑应之:"汝识老夫,老夫知汝,自当度汝!"尹喜大喜,赶忙牵青牛入城,迎至家中,行弟子大礼,入室为徒。

其后,尹喜又辞去关令,同老子一起西行,来到闻仙里,侍师修道。老子见此地修竹茂盛,环境优雅,就在此设坛说经讲道,尹喜为了使其学说得以广泛传播,将师父的讲述整理成《老子五千文》(也称《道德经》),流芳后世。

这就是"紫气东来"典故的出处和本源。

因有了老子西行,才有了紫气东来;因有了紫气东来,才有了尹喜拜师学道；因有了尹喜，才有了老子来闻仙里草楼说经论道；因有了草楼说经论道，才有了楼观"说经台"。

延生观的故事

楼观台西侧就峪处，有一座皇家道观，名曰"延生观"。刨根寻底，"观"字前为何冠以"延生"二字，这还得从玉真公主说起。

玉真公主，字持盈（公元 692 年－762 年），武则天孙女，她的童年是在战战兢兢中度过的，玉真出生不久，就没了母亲。那时候，武则天对自己立的太子从来就不信任，生怕一不小心被儿子踢下台。武则天的婢女团儿被收买，诬陷刘皇后和德妃，说她们经常半夜三更在屋子里做咒蛊，诅咒武则天，武则天就派人将太子的后妃杀死在后宫，然后抛尸。那时候，玉真公主只有二三岁。唐玄宗当皇帝后，多次探寻他们兄妹（唐玄宗与金仙和玉真是一母同胞）三人亲生母亲——德妃的葬身之处，都没有结果。

金仙和玉真两姐妹成长的时候，恰好是宫廷斗争最血腥的时候，最积极参政最飞扬跋扈的公主，下场都很惨。这些她们都耳闻目睹，姐妹俩没了母亲的庇护，在宫里更是处处留心。她们早就厌倦了这种提心吊胆的生活，于是，姐妹俩一起向哥哥提出要出宫做女道士的想法，这样也能为母亲祈福，唐玄宗想起她们横遭不测的可怜母亲的确是孤魂野鬼，需要超度，便同意了。

那年春天，唐玄宗下旨为两位妹妹修建道观。经过一年多的修建，道观建成，两位公主住进了"璇台玉榭、宝象珍龛"的华丽道观。金仙公主的道观建在华山,玉真公主的道观建在楼观的西侧就峪,因玉华上言中有"请入百家之产,延十年之命"之说,故道观名曰"延生观"。

玉真公主出家后,道号"玉真仙人"。

有关延生观的传说又衍生了多种版本,不妨在这里细说一二。

故事一:敬德黑风岭施暴,王为爱女建观。

传说,大唐贞观元年(公元627年),李世民率文武百官和爱女汝南公主到宗圣宫祭拜远祖太上老君。夜宿紫云楼,与随行大臣正在观看歌舞,女官匆忙进来禀报,说是一股黑雾从公主房间穿过,公主已不见踪影。唐王顿时大惊失色,忙令大将敬德领兵前去追寻。敬德不敢怠慢,忙披挂上阵,带着御林军一路追到就峪扎下营盘,踏遍群山峻岭,但不见公主踪迹,只好率御林军悻悻而归。

原来黑风裹走公主是黑风岭山大王所为,这位山大王叫文墨翼,此人不但英勇无比,而且练得魔法之术。文墨翼敬佩唐王武功,但无缘一睹唐王风采。得知唐王来楼观祭祖,甚是欣喜,便乔装成一名卫士混入行宫,只因唐王去了紫云楼未能见到,但却窥视到公主芳颜,文墨翼爱慕公主美貌,色胆顿生,趁夜色施魔法,化作一股黑雾裹走公主。因文墨翼劫富济贫,深得当地人爱戴,敬德领御林军来查访时,群众有意隐瞒才使文墨翼躲过一劫。

文墨翼掳公主到黑风岭后,以礼相待,公主见文墨翼一表人才,且又知书达理,心生爱慕之情,不久,两人便结为夫妻。一晃几年过去了,公主给文墨翼生了一个大胖儿子。文墨翼知事情已过去多年,认为唐王早就把此事忘了。这年,正值楼观有会,文墨翼便带妻子和儿子下山到楼观逛会，不料被人认出，告发。唐王得知山大王文墨翼掳走公主，勃然大怒，当即派敬德率御林军前往征剿。

敬德率兵来到就峪安营扎寨，把黑风岭团团围住，敬德提鞭上马到黑风岭前叫阵，文墨翼出寨迎战。敬德和文墨翼战在一起，双方展开了惨烈的激战，最终，文墨翼的绿林军不敌敬德的御林军，被全部斩杀，绿林军横尸遍野，殷红的鲜血染红了山冈。敬德率御林军冲进黑风寨找公主，敬德在忠义堂大厅找到了公主，见公主怀抱儿子抹眼泪，敬德忙拱手道："公主，皇上口谕，请舍弃孽障，随臣还朝吧！"公主抬头看了看敬德，杏目圆睁，怒斥道："你们戮我夫君，灭我山寨，还要诛我儿子，你们还是人吗？"敬德见公主不愿交出儿子，便上前一把夺过孩子，疾步出寨，公主上前拼命去夺，敬德急中失手，孩子掉落山崖。

敬德劝公主随他还朝，公主寻死觅活不愿前往，无奈，敬德只好派人看守公主，自己率御林军拔营还朝，将此事禀告唐王，唐王深感懊悔和心疼，亲临黑风岭劝女儿还朝，公主心灰意冷，对唐王说："父皇，女儿罪孽深重，不能在父皇身边尽孝，只求在此出家修道，为父皇和大唐江山祈福，再别无所求，请父皇恩准！"唐王见女儿去意已决，再费口舌也无济于事，倒不如做个顺水人情，随她心愿。于是，唐王在此大兴土木，为女儿建造了一座华丽的别院，取名"延生观"。为了女儿生活不再寂寞，派来教坊歌伎驻观助兴，一有空闲，唐王就到延生观里看望女儿。

故事二：文义二救公主，玉真梦断黑风岭。

相传，玉真公主自从驸马去世后，为了超度驸马亡魂，经常到城西的延生观去做法事。唐玄宗见妹妹形影孤单，甚是怜爱，便带妹妹玉真公主和贵妃杨玉环到梨园教坊听歌观舞解闷。一来二去，玉真公主和贵妃娘娘竟成了无话不说的闺中密友，皇兄和贵妃杨玉环长生殿的爱情誓言"在天愿作比翼鸟，在地愿为连理枝……"感染了玉真公主，再次点燃了她对爱情的美好遐想。

但好景不长，叛军直逼京城长安而来，玉真随皇兄和贵妃出逃，行至马嵬驿，六军不发，大将陈玄礼来报："万岁，大事不好！"唐玄宗惊愕地问道："爱卿何出此言，到底出了什么事？"陈玄礼忙答道："万岁，将士群情激愤，一致要求处死杨氏兄妹。"唐玄宗把眼一瞪："大胆！这从何说起？"陈玄礼答道："杨氏兄妹专权，祸害朝廷，民怨沸腾，不除杨氏兄妹，难平民愤。众将士不肯保驾西行。"唐玄宗为了江山，将贵妃赐死。玉真见皇兄如此薄情寡义，愤然离去。

玉真公主再次看破红尘，过渭河到终南山下的延生观去修道，不料那船工竟是个坏人，船工一见玉真公主发髻上的玉簪便起了歹意，上前去夺，恰好被路过的黑文义看见，黑文义大声喝道："休得无礼！"说着，黑文义一个箭步蹦到岸前，那船工忙一桨将玉真公主拨下河中，自个撑船逃去。黑文义见玉真公主落入河中，扑通一下跳入河中，把玉真公主救上了岸，黑文义背起玉真公主蹚水过河，把玉真公主送到延生观后方才离去。

因叛军骚扰，延生观的道士都弃观而去，玉真公主进观后，打扫庭院，点燃了供桌上的香烛。黑文义回到黑风岭后，还牵挂着延生观里的玉真公主。一日，黑文义带着两个随从，到山下的延生观去看望玉真公主。当黑文义他们前脚刚进门，两个叛军大兵后脚就跟着进来。叛军大兵一见院里竟有一个如花似玉的女子，咧开大嘴，一阵嘎嘎淫笑，挥着大刀就扑了上去。黑文义一见那大兵要对玉真公主无礼，忙抽出长剑冲向那大兵，就在黑文义刺倒那大兵时，一只箭射中了他的背部，黑文义回身和两个随从砍杀了另一个大兵，黑文义晃了晃身子，撂下手中的长剑，倒下了……

玉真公主扑上前去一把抱住了黑文义，玉真公主对黑文义两次出手相救甚是感激，便随黑文义上山，为黑文义疗伤。患难见真情，两人很快结为夫妻，玉真公主帮黑文义管理山寨。自从玉真公主上山后，山寨军纪更加严明，公买公卖，秋毫无犯，受到山下群众的爱戴。

三年后，玉真公主为黑文义生了个大胖儿子，黑风寨张灯结彩，黑文义和山寨人正在为儿子庆满月时，却传来了官兵围剿黑风岭的消息。

原来是官兵平叛了安史之乱，做了太上皇的唐玄宗得知妹妹玉真公主嫁给了一个山大王，感到有失皇家颜面，甚是愤然，便派大将陈玄礼率御林军前往征剿，带回玉真公主。

听说陈玄礼来了，玉真公主便叫陈玄礼进寨问话："试问老将军来到这黑风岭有何贵干？"陈玄礼拱手答道："公主，安史之乱已经平定，新皇登基，闻听公主被劫持黑风岭，被逼下嫁草莽，太上皇不忘手足之情，怜念公主，降下旨意，让老臣恭迎公主回朝。"玉真公主怒目道：老将军言之有误，一来我未被劫持，二来并非被逼下嫁，都是我心甘情愿的，我在此已生有儿郎，请老将军回奏太上皇，玉真再也不回长安城了。"陈玄礼回言道："太上皇又有旨意，公主若是执意不回，就要剿灭黑风岭，大军就在山下，请公主三思。”玉真公主愤然看了一眼，说道：“我要是不回去呢？”陈玄礼把嘴一撇：“那就休怪老臣无礼了。”说着，陈玄礼上前一把夺过玉真公主怀中的孩子，快步跑向崖头，黑文义一见忙上前去夺，陈玄礼把孩子抛向空中，黑文义扑上去接，与孩子一同掉下万丈深崖。玉真公主一见丈夫和儿子掉下山崖，也扑向了崖头，被一副将一把抱住……

玉真公主怒斥陈玄礼的暴行，拔下玉簪，剪下一缕青丝交与陈玄礼回去向皇兄复命。陈玄礼见玉真公主去意已决，自知无颜面对玉真公主，便带着御林军回朝复命去了。

玉真公主一路踉跄下山，再次走进延生观苦修去了。

后传，玉真公主在此观得道成仙，当地人为了纪念玉真公主的恩德，在观内为她塑了金身神像供奉。从此，这里就有了大唐玉真公主和山大王黑文义凄美的爱情故事。

化女泉的故事

在说经台西约 3 000 米的地方，有一座老子庙，庙前有眼小泉，泉水澄碧清冽，四季不竭。这庙，这泉水向世人讲述着一个美丽的故事。

相传，老子曾在周朝做过官，后来他潜心修道，辞官回归故里。在回家的路上，他看见道旁有一堆白骨，顿起恻隐之心，便施道术，用聚形符将白骨点化成人给他取名徐甲。徐甲甚是感激老子的点化，自愿为老子牵牛跟随左右。尹喜迎老子到楼观台讲学时，他已为老子牧牛 200 年了。老子原先许诺过他，等传道至西方安息时再付给他黄金作为工钱。

　　老子来到楼观台，终日说经讲道，忙得不亦乐乎，闭口不提给工钱之事。徐甲心中甚为不悦，一方面觉得终日放牧青牛，风餐露宿苦不堪言，另一方面感到学道清苦寂寞，太劳神费力了。于是他打算向老子讨了工钱去过逍遥自在的舒心日子。

　　有一天，他在一架坡梁上放牛，心里又寻思起来，青牛在坡前悠闲地啃着草，他在坡梁上独个儿低头徘徊着，思量着如何向老子开口讨回这200多年的工钱，却一时想不出什么好的良策来。一抬头，忽然见眼前出现了一座美丽的庄园。园里群芳争艳，百鸟啁啾，良田千顷，骡马成群，一位老员外手拄拐杖，正笑嘻嘻地望着他，旁边还跟着一位标致的姑娘。老者问："小伙子，你给谁放牛呀？"徐甲满脸不高兴，瓮声瓮气地说："给老子。"老者又问："给工钱吗？"徐甲不满地说："说是一月三串钱，可至今连一个子儿也没见！"老者听罢，长叹一声说："小伙子，人生一世，草木一秋，何必想修道成仙受那些苦折磨！你看老夫有一个这么大的庄园，膝下又只有这么一个女儿，她虽无倾城之貌，但在这方园百里却是挑着灯笼也找不着的美人儿，你若不嫌弃，便向老子讨清工钱，给我做个上门女婿，你们小两口便有享不尽的荣华富贵，不知你意下如何？"徐甲听后满心欢喜，不由得偷偷看着那姑娘，那姑娘也正在向他暗送秋波。他如痴如醉，急不可耐地说："好极了！我这便去讨工钱！"他刚要回身，说来奇怪，那庄园、老者、姑娘倏然不见了，又成了先前模样。徐甲顿然大惊失色，只见老子不知什么时候已站在他的面前，一双火辣辣的眼睛盯着他，他一时羞愧难言。

原来,老子想把道家的玄妙真经传给徐甲,但他发现徐甲常有愠色,又不肯吃苦,便化出了一个庄园来试探其心,那个姑娘是他用吉祥草变的,他自己则变成了那个老员外。当他看见徐甲道心不坚,私欲过多时,不由得勃然大怒,现出了真身。他气得说不出话来,用拐杖在那美女站过的地方点了一下,于是地上霎时出现一眼清泉。

　　徐甲见自己的隐私被老子窥破,满面通红,快快而去。尹喜见徐甲沉闷不乐,便问师弟徐甲有何烦心事,徐甲告知师兄尹喜说师父赖他工钱,尹喜沉思再三,觉得师父绝不是那等赖账之人,这其中必有蹊跷。于是他问师父这是怎么回事。老子冷笑一声,说:"你把徐甲给我叫来。"徐甲悻悻而来。老子说:"我问你,你跟我多少年了?"徐甲回答不出来。老子又问:"你知道你的来历吗?"徐甲茫无所知。老子说:"你张开口。"徐甲莫名其妙便将嘴张开。老子将聚形符立即收回,徐甲顷刻之间又复原为一堆白骨。尹喜见状,大惊失色,当即跪倒在地苦苦哀求:"师父,徐甲虽然罪有应得,但念起他跟您200年之情,还是饶恕他这一次吧,让他悔改前非,重新做人!"在尹喜的百般哀求之下,老子动了慈悲之心,用手一指,白骨又变成了徐甲。徐甲满面羞惭,恨无地缝可钻。

　　老子将他的来龙去脉讲了一遍,喟然长叹道:"原来我答应到安息时用黄金付你工钱,是想把金丹大道传予你,让你得太上玄妙,永世解脱,谁知你……"说着说着老子又激动起来,"你贪财好色,好逸恶劳,道心不坚,将来何以能成正果?"老子愤然向尹喜挥了挥手说道,"尹喜,付给他200年的工钱720串钱,让他走吧!"

　　徐甲听了老子的一席话,方才明白自己辜负了师父的一片苦

老子篇

心，捶胸顿足，懊悔不迭。扑通一下跪在师父脚前，痛哭流涕，哀求师父将他留下。

老子为了让徐甲牢记这个教训，便执意让他走，徐甲却不肯走，仍长跪不起，老子气稍稍消了后说："这又何必，等你以后想好了，真正回心转意了还可以再回来。记住，只要你真心学道，咱们师徒还会有见面的日子。"徐甲明白这是师父要继续考验自己，只好洒泪而别。

此后，徐甲把"化女泉"的事情铭刻在心，去了一切私心杂念，谨遵师父教导，再不敢耍滑学奸，每日精心钻研《道德经》，终于得道成仙，名列仙班。这就是道教中被人们推崇的"白骨真人"。

在说经台老子大殿，老子塑像的两侧有两个小侍童：一个站着，是徐甲；一个跪着，是尹喜。内容正是表现上述那段老子考验弟子徐甲的故事。

后人有诗曰："不因杖履逢周史，徐甲何曾有此身。施法试徒驱邪念，化女千古留遗篇。"

公明篇

财神文化传人李聚财

赵公明财神文化得以传承,村上贤达李聚财先生和他的先祖可谓是功不可没。

村中赵公元帅庙前有一座明万历九年(公元1581年)的石牌,碑首曰:《重修玄坛赵公元帅庙碑记》,碑文:"说经台东北五里曰赵大村,财神生于斯也,旧有玄坛财神庙一座。"

在赵公明财神故里,近千年来,不知创于何代,迄今倾塌,儒官李可嘉深为叹之:"我辈居财神故地,目视庙倾圮,不以改观,其斯共承神灵竟也,于是各方集资,召来石工匠之,开圣辉煌视之……"

碑文中儒官李可嘉就是李聚财先生的嫡亲先祖,李可嘉在省城西安做学监,回家省亲,见村中赵公元帅祖庙倾圮,甚是惋惜,便号召村人捐资重修。

根据庙志记载,重修后的赵公元帅祖庙,雕梁画栋,其貌甚是辉煌,四乡八村的人都赶来观看。清乾隆初年,诗人邹儒公暇之余,多次携文友来赵大村赵公明财神庙拜谒,他的动情之作《询赵公元帅墓》一诗:"飞鸟春行过赵村,低徊往事悄无言。周时碑误称秦代,庙貌人讹说墓门。何处有坛留故迹,谁曾见虎扰平原……"就是当年的情境写照。

清光绪十五年(公元1889年),村人在赵公元帅祖庙后,又续建了一座三间后殿,倡导者和组织者是李可嘉的后人李坤。自从后殿建成后,神庙整体美观协调,朝拜者络绎不绝。

解放初,庙貌完整。合作化时,社会上掀起了"破除封建迷信"运动,李鸿听说村上要把赵公元帅庙里的神像搬除,夜里把庙里的古碑文,赵氏宗考,古钱币等文物拿回家,装进5个大葫芦里。"文化大革命"时,村上的红卫兵到他们家查抄,见几个破葫芦也没在意,就走了,就是这5个大葫芦,才使财神祖庙里珍贵的文物得以保存下来。这5个葫芦的主人李鸿就是李聚财先生的父亲。

李聚财先生和他的先祖一样,也热衷于财神文化的传承,用他自己的话来说,财神文化是中国人共有的文化,人人都有享用和发扬的权利。再说,我是赵家的外甥,更有责任把舅家先祖的文化精华传承下去。

李聚财先生是个言必行,行必果的人,自打改革开放后,他就致力于财神文化的挖掘和宣传,文史专家王安泉闻知后,到赵大村进行了考证,写出了《财神老家赵大村》的新闻稿,新华社对《西安晚报》记者尤凌波等撰写的《周至银行干部(王安泉)考证出赵公出生地——财神老家赵大村》一文,发了通稿,全国数十家报刊转载。李聚财先生传承的财神文物,为文史专家王安泉的考证提供了弥足珍贵的文物资料。

财神赵公元帅故里的确立为天下华人明确了朝拜地,也为散居在外地的赵公元帅后裔寻到了根。

时下,台湾大里市佑福宫有近百万人供奉财神,赵氏后裔以赵公明为荣。他们从上个世纪80年代起,在大陆艰辛寻觅赵公明故里10多年,是李聚财先生的传扬和《财神老家赵大村》新华社通稿,才结束了他们的艰辛寻觅。

大里市的信众和赵氏后裔奔走相告,喜出望外,许多人自发组团要到西安周至赵大村祭拜赵公明。1998年3月,大里市佑福宫首次组织财神拜谒团,在导游的引导下到达赵大村。许多台胞抚摸古碑文和财神庙的砖、柱、门时十分激动,在古庙前举行了隆重的祭拜先祖赵公明的仪式,当场捐资70 000万余元人民币,用于新修财神庙。在古财神庙南新建的财神庙落成后,每年大里市的台胞都组成近百人的进香团来赵大村祭拜财神,香港、澳门、东南亚的华人也纷纷到赵大村财神庙参拜赵公明。

从新世纪开始,李聚财先生对财神文化的发展又有了新的举措。

2001年,李聚财先生组织、倡导,成立了财神文化研究会,获得政府批准;2003年,又自筹资金修建了赵公明纪念馆。2006年,李聚财先生向上级申报了财神古庙祭祀活动非物质文化遗产项目,获得省政府批准,李聚财先生成为财神古文化遗产传承人。2009年,李聚财先生又自筹资金16万元,建起了省级非遗祭祀处——财神赵公明祠。

随着财神故里的确立和举国上下的关注,又引来了西安曲江新区人的大手笔——一次性投资6亿元,在财神祖庙南侧打造出财神文化展示区。占地531亩的财神文化展示区集旅游、观光和休闲为一体,在财神故里这块神奇的土地上演绎着众神传说。

李聚财先生,这个财神文化的传承人,用他的热情和胆识为财神故里翻开了辉煌灿烂的一页。

拜财神的风俗

赵大村和周边村庄形成了典型的财神赵公明崇拜祭祀风俗，每年农历三月十五日为赵公明诞辰日，村中举办财神庙会 3 天，六月初六是财神赵公明的逝世日，也会举办纪念活动。会前由村老组成庙会筹办组织，安排执事筹措会款，下贴请客，写戏搭台，安排祭祀礼仪，仪仗鼓乐，摊位划分，客商管理，治安维护等事宜。会中 3 天 4 夜唱大戏，有大的祭拜赵公元帅仪式，附近数万人上会游览观光。正会之日拜谒进香，由古代传承下来的进香队伍络绎不绝，特别是赵大村的十几户赵氏后裔，他们是赵公明的嫡系后代。终南镇毓兴村、楼观镇三家庄、界尚村、金盆村等近 200 户赵姓族人，集贤镇赵大村周围数村的赵姓家族，也组队祭拜远祖赵公明，仪式有鸣乐、响炮、上贡、敬香、磕头、作揖、诵经等项。庄重严整，凝神肃穆，令人肃然起敬。全国的财神庙宇举不胜举，从通都大邑到穷乡僻壤，从商家、厂家到农家小舍，大多供奉赵公明，希冀财神保佑，大吉大利。除夕夜吃饺子（象征元宝），彻夜不眠等待凌晨接财神。半夜时分，由贫寒子弟、街头小贩等装扮财神，带上财神画像，穿街走巷，挨门沿户叫喊："送财神了。"在除夕夜，有时一家能接十几张财神画像，财神到家，越过越发。 祭祀赵公明，还有农历大年初一争烧头炷香的习俗。村民半夜即起，在寒风中伫立守候,待到鸡叫第一声,涌进财神庙,燃起第一炷香,恭敬地献给赵公明。据说第一炷香能给全家带来一年的好运。每月初一、十五亦有村民前往敬奉财神。财神赵公明的信仰者广泛分布在大陆和台湾、香港、澳门,影响到东南亚地区以及世界华人住地。广东潮州、汕头等家家供奉财神赵公明。民间普遍祭祀赵公明,大约是从明代中叶或稍前开始的,其主要原因是"买卖求财"是赵公明的主要职责之一。所供赵公明财神像皆顶盔披甲,着战袍,执鞭,胡须黑而浓,形象威猛。周围常画有聚宝盆、大元宝、宝珠、珊瑚之类。据清人顾禄《清嘉录》卷三记载:吴地以农历的三月十五日为赵公明的生日,每到此日,人们都要谨加祭祀,财神或立庙祭祀,或在家中塑像祀之,此中商人祭祀财神最为普遍。河北《阳原县志》云:"财神,各商家各供于号中。每岁正月,为财神特别祀期,如民家之祀天地然。每岁二月十八日,亦献戏酬之。

财神文化解读

要知道何为财神文化,我们就得对民间祭拜的几位财神的生平有个了解。首先从正财神赵公明说起。赵公明家境贫寒(其家在今陕西周至赵大),年轻时为木材商打工,进山背运木材。他为人诚实守信,仗义勇为,深得工友信任,木材商十分赞赏。攒下钱财以后,凭着勇气和胆识自任木商,进行经营。由于他诚实守信,人们都愿意跟他打交道,他的生意越做越大,10多年下来,他就积累了巨额财富。有人借他的钱做生意,不料遭了灾亏了本,一时无力偿还,他就让其还一双筷子抵消所欠的账。他为富行仁,义利双收。赵公明周济贫困,出手大方。他讲信用,扶贫助困,和美处事,善于隐讳,集众多美德于一身。被玉帝封为天下正财神,率领招宝天尊、纳珍天尊、招财使者和利市仙官,统管人世间一切金银财宝。

范蠡是春秋时期杰出的政治家、谋士和实业家,民间尊奉他为"文财神"。范蠡辅佑越王灭吴以后,无心从政,便辞官隐退,带领家属随从,驾扁舟,泛东海,来到齐国,范蠡带领儿子和门徒在海边结庐而居。戮力垦荒耕作,兼营副业并经商,没有几年,就积累了数千万家产。他仗义疏财,施善乡梓,范蠡的贤明能干被齐人赏识,齐王把他请进国都临淄,拜为主持政务的相国。他喟然感叹:"居官致于卿相,治家能致千金;对于一个白手起家的布衣来讲,已经到了极点。久受尊名,恐怕不是吉祥的征兆。"于是,才三年,他再次激流勇退,将钱财尽分给朋友和乡邻,只带贵重物品,暗自离开齐都,悄悄来到陶地(今山东肥城西北陶山,一说山东定陶西北),在陶地他靠养牲畜,又积累了数万家财,成为陶地的大富翁。后又分财于百姓,受到天下人的赞扬。被敬为"文财神"。范蠡的经商之道是:把握行情,人取我予;诚信经商,不求暴利;因地制宜,多种经营;注重质量,不图侥幸;埋头苦干,劳动致富;尽散其财,富好行德。此经商之道对后世产生了深远的影响。

相传,刘海于五代时为相,先遇汉钟离点化,辞官寻道,后遇吕洞宾,授以丹道,刘海以王重阳、汉钟离、吕洞宾为师,追随他们遁迹于道教全真派祖庭终南山下阿姑泉欢乐谷,在此用计收服了千年金蟾，得道成仙。刘海戏金蟾，金蟾吐金钱，他走到哪里，就把金钱撒到哪里，救济了不少穷人，人们尊敬他，感激他，称他为"活神仙"。

关公即关羽，在中国是一个家喻户晓，妇孺皆知的人物。

解州盐池税吏是个恶吏，解州贩盐人常被其欺凌，敢怒不敢言，得知关羽刚正不阿，就登门求关羽好好惩罚一下恶吏，关羽为了乡亲，出手就杀了那恶吏，举家外逃，从此出走江湖。

关羽和刘备、张飞桃园三结义后，坚决信守"不求同年同月同日生，但求同年同月同日死"的誓言。当年关公被曹操围困走投无路时，面对曹操的说降，冒死提出了"只降汉不降曹；周到厚养刘备夫人；但知刘备去向，不管千里万里便当辞去。"曹操为了留住关公，对他三日一小宴，五日一大宴，上马一提金，下马一提银，选美女侍奉，送异锦战袍，赠赤兔宝马，后又奏请汉帝封为汉寿亭侯。尽管如此厚待，关羽在得知刘备的下落后，即挂印封金，过五关斩六将奔向刘备。

为了报答曹操的款待，关羽对曹操许下诺言："一定要立下战功再投刘备，决不私自逃走。"果然，在曹操同袁绍的白马之战中，以万夫不挡之勇轻取大将颜良的首级。赤壁之战曹操败走华容道时，与关羽狭路相逢，此时关羽念旧恩，讲义气放了曹操。在长沙激战中，关羽不杀马失前蹄摔在地上的老将黄忠。

关公守信、重义、正义，受到后世人的敬重。被尊奉为"义财神"。

从上面几位财神的生平来看，无论是赵公明，还是范蠡；无论是刘海，还是关公，他们做人行事的共同特点都是：诚实守信、生财有道、扶贫帮困、乐善好施、仗义疏财、为富行仁、和美处事。人们敬重他们，尊奉他们，正是看中了他们这些美德，这就是所谓的财神文化。

财神文化的价值取向，简要归纳有三点：

一、财神文化表达了人们对幸福生活的祈求

财神文化源于老百姓对幸福生活的祈求。财神是中国民间信奉的善神之一。每当新年，家家户户悬挂财神像，希冀财神保佑以求大吉大利。吉，象征平安；利，象征财富。人生在世既平安，又有财富，自然十分完美，这种真切的期望成为人们的普遍心理。

二、财神文化倡导人们在交易中树立诚实公平的商业理念

几千年来，我国传统财富文化的核心和内涵是公平、诚信。也就是说："君子爱财，取之有道。"民间之所以崇拜财神，产生相应的财神和财富文化，一个很重要的原因就是人们对交易中公平秩序的向往。财富文化本质就是一种公平的文化，崇尚规范经商，合法取财。赵公明代表着"以信为本"的经商理念，以聪颖劳动而造财有术，以经营得当而理财有道，以仗义疏财而使财有义；之所以尊奉关公为财神，这与天下第一商帮——晋商的企业文化有关，晋商把关公作为诚信的代表，通过对关公的崇拜和许多祭祀关公的活动来弘扬和加深诚信的企业文化。

三、财神文化主张乐善好施、助人为乐的信条

仁爱之心，人皆有之，这是人类的本性。古代人们崇拜的财神都是广撒钱财，周济民众的富商典型。赵公明攒下钱财以后，周济贫困，和美处事，为了保家卫国，他把所有家财拿出来，招兵买马，亲自率领招募的新军到阵前为国家效力；范蠡靠种地、养牲畜成为富翁后，分财于百姓；刘海戏金蟾，金蟾吐金钱，他走到哪里,就把钱撒到哪里,救济穷人;关公不爱钱、色,讲信用、讲正义、讲义气受到世人的赞扬。

总而言之,解读财神文化,意在传承诚实守信、乐善好施的传统美德,让这些美德成为现代商业精神的精髓和典范。

财神文化主题公园的遐想

夏忙后的一天,家住赵大的文友老常打电话说新财神已落成,邀我去看一看,凑巧文友老赵也在老常家,于是我们三人结伴走进了位于田峪河畔的西安曲江新区新建的财神文化主题公园,仰望雕花门楼前手执长鞭,高大威武的财神大像,我的思绪一下就飞扬起来。

财神赵公明故里赵大村,与我住的终南镇是近邻(大社时,同是一个公社),我们可算是名符其实的乡党,村上的人为有这个财神先祖而自豪。虽说有些年代了,但村人对他仍热情不减,敬爱有加,每逢他的生日(农历三月十五)和忌日(农历六月六),都举行祭祀活动,并请来戏班助兴。因为我们是近邻,每到会期,我就邀村友结伴前往,一来二去,就知道了有关赵公明和其他几位财神的故事来。

民间传说的五路财神是指东、西、南、北、中五路。

这五路财神的故事出于明代许仲琳所撰写的《封神演义》,赵公明有4位好友,珠宝行老板萧升、富商曹宝、大财主陈九公和他的管账先生兼助手姚少司。赵公明出战时,这四位好友也随行前往,均血溅沙场。姜子牙封神时感其忠勇,封萧升为东路财神,迎祥纳福；曹宝为西路财神，纳财富足；陈九公为南路财神，招宝丰盛；姚少司为北路财神，利市兴隆；赵公明为中路财神，统领四路财神招财进宝，主迎祥纳福，管天下财运。

中国人爱敬神，于是又衍生出了文财神、武财神、正财神和准财神之说。

这里说的文财神有两位，一个是殷商丞相比干，一个是春秋楚国的大夫范蠡。

纣王听信妲己妖言，制造酷刑，杀戮谏臣。虽有商容、比干等大臣直谏，纣王终不悔悟。鹿台完工后，纣王听信妲己谎言，欲会见仙子。妲己心生一计，于十五日夜让轩辕坟内众狐妖变成仙子来鹿台赴宴，享受天子九龙宴席，迷惑纣王。席上，狐狸骚臭难闻，功夫浅薄的妖狐竟露出了尾巴。宴席上的比干看得十分真切，宴后将此情况告知武成王黄飞虎。经查，众狐妖都是轩辕坟内的狐狸精。比干便与黄飞虎领兵堵塞狐妖洞穴，放火将狐狸全部烧死，比干还用未烧焦的狐狸皮制成一件袄袍，严冬时献于纣王，以惑妲己之心，使其不能安于君前，妲己见袄袍尽是用其子孙皮毛制成，心如刀割，深恨比干，誓挖其心。

一日，纣王正与妲己以及新纳妖妇喜媚共进早餐，忽见妲己口吐鲜血，昏迷不醒。喜媚说是妲己旧病复发，需玲珑心一颗煎汤救治，并推算说唯丞相比干是玲珑七窍之心。纣王急向比干索其心，比干怒奏曰："心者，一身之主，隐于肺内，坐六叶两耳之中，百恶勿侵，一侵即死。心正，手足正；心不正，则手足不正。心乃万物之灵苗，四象变化之根本。吾心有伤，岂有生路！老臣虽死不息，只是社稷丘墟，贤能尽绝。今昏君听新纳妖妇之言，赐吾摘心之祸,只怕比干在,江山在,比干亡,社稷亡!"纣王怒道:"君叫臣死,不死不忠。台上毁君,有污臣节,如不从命,武士拿剑去取心来!"比干破口大骂妲己,望太庙拜了八拜后,接剑自剖其腹,摘心掷于地,走出午门,上马离去。

由于先前姜子牙离开朝歌时,曾去丞相府辞行,见比干气色晦暗,知其日后必有大难,便送比干一张神符,叮嘱在危急时化灰冲服,可保无灾。比干入朝前知道自己有难,便服饮姜子牙所留的神符,故在剖心后并未死去,而是来到民间广散财宝。比干心被挖后成了无心之人,正是因为无心无向,办事公道,所以被后人奉为"文财神"。

范蠡,字少伯,天资聪颖,少年时便有独虑之明。后被越王勾践拜为士大夫。越国兵败于吴国,范蠡与越王一同屈侍吴王夫差。回国后又辅佐越王富国强兵,最终打败了吴国。灭吴之后,越国君臣设宴庆功,群臣皆乐,唯独勾践面无喜色。范蠡察此微末,看出越王为争国土不惜群臣之死,如愿以偿之后不想归功于臣下。于是,范蠡毅然向越王辞官隐退,带领家属随从,驾扁舟,泛东海,来到齐国。

范蠡父子在齐国海边耕种土地,勤奋治产。不久,就积累家产数十万。齐人闻其贤,请其为相。范蠡叹息道:"居家则致千金,居官则致卿相,此布衣之极也。久受尊名,不祥。"于是,他归还了相印,将钱财尽分给了朋友和乡邻,只带上最贵重的物品暗自离开齐都,悄悄来到陶地。范蠡认为,陶地处天下之中,为交易的必通要道,由此可以致富,便居住下来自称"陶朱公"。范蠡父子靠种地、养牲畜、做生意又积累了数万家财,成为陶地的大富翁,后又分财于百姓，天下人都赞美陶朱公，尊称其为"文财神"。

另一位就是三国蜀汉大将关羽（尊称"关公"），人们尊称他为"义财神"。

关羽即关公，在中国，他是一个家喻户晓、妇孺皆知的人物。近年来，越来越多的人把关公敬为全能保护神、行业神和财神，"民间新年神像图画展览会"的作者说："关公被人视为武神、财神及保护商贾之神。人遇有争执时，求他明签。旱时人们可向他求雨，生病时可求药方，被人视为驱逐恶鬼凶神之最有力者。"

关公字长生，后改为云长。关羽因原籍恶豪倚势欺人，遂杀恶豪后奔走江湖。东汉末年，与刘备、张飞桃园结义，誓共生死，同起义兵，争雄天下。东汉建安五年（公元200年），曹操出兵大败刘备。刘备投靠袁绍。曹操擒住了关羽，看中关羽为人忠义，拜为偏将军。后曹操察觉关羽无久留之意，便用大量金银珠宝、高官、美女来收买其心，但关羽丝毫不为钱财名利所动。当关羽得知刘备在袁绍处，立即封金挂印，过五关斩六将去寻刘备。刘备自立为汉中王，封关羽为五虎大将之首将。曹操得知大怒，与司马懿设计，联合孙权共取荆州。刘备拜关羽为前将军，都督荆襄郡事，令取樊城。关羽分荆州之兵攻取樊城，不幸中吕蒙计，痛失荆州，夜走麦城，兵败被擒，不屈而亡。

关羽一生忠义勇武，坚贞不二，为佛、道、儒三门崇信。明清时代，关羽有"武王"、"武圣人"之尊称，由此，关羽被世人附会成具有司命禄、佑科举、治病除灾、驱邪避恶等全能法力，民间各行各业对万能之神关公顶礼膜拜。人们之所以奉关公为义财神，是因为关羽不为金银财宝所动，与一些世间贪利忘义之徒形成鲜明的对比。世人尤其是商贾们都敬佩关公的忠诚和信义,希望关公成为他们发财致富的守护神。另外,人们希望商贾在交易时坚守诚信,把关公奉为公正人,来维护传统的道德秩序。

刘海的故事很多,各种版本的都有,他可算是个家喻户晓的人物,小女孩额前的刘海,就来源于年画上刘海的画像发型(年画上的刘海,前发齐眉,赤足踏在金蟾背上,手执一杆,杆上有一长串铜钱,模样童稚可爱)。

小时候,我是从母亲的窗花人物中认识了刘海。从母亲那里知道了"刘海戏金蟾"的故事,虽然说是一些极不完整的故事碎片,但那一点碎片却在我心里留下了奢望和遐想。

前年,几位作家朋友邀我去刘海的故里——户县玉蝉曲抱村采风,我欣然前往,听说我们来采风,村长老曲热情地领我们观看了金蟾池、点丹桥和吐丹桥遗址。到村外刘海庙,我们看了刘海戏金蟾的彩绘壁画。

"刘海生来有仙根,家住户县曲抱村。"这是流传在户县人中关于刘海的民谣。

刘海戏金蟾,金蟾吐金钱,走到哪里就把金钱撒到哪里。人们热爱他,感激他,称他为"活财神"。

走进财神大院,我的眼睛一下被吸引了,坐落有致的建筑群金碧辉煌、雄伟、壮观。大小偏殿、楼阁沿着东西向中轴排列。三大主殿位于这条中轴线上,并向两边展开。我们悠游其中,红墙、黄瓦、汉白玉、青砖、浮雕让我们应接不暇。雕刻的龙、虎、狮子等立体动物形象惟妙惟肖,真可谓是巧夺天工之作。

登上财神大殿城楼举目望去,财神文化主题公园尽收眼底,院内庙宇楼阁鳞次栉比，红墙黛瓦，勾檐斗阙，在阳光的映射下，整个大院泛着金光。身边的老赵见我激动，忙笑着说："你看这财神大院像不像一个大铜钱呢？""是呀！我怎么没看出来呢？"顺着老赵的手指望去，一时惊奇，拍手叫绝。

财神正殿西侧，田峪河岸上还有一个"问道阁"。文友老常说："这阁楼不但高大雄伟，而且建筑设计奇特。"说得我心里痒痒，一下正殿石阶，我们三人又一路直奔河岸。来到阁楼前，也没有多想就匆忙进门顺楼梯而上。阁楼建筑是外六内三，六呀三呀，这是什么意思？边走边思索着，到了楼顶还不得其解。我问身边的老常，老常笑呵呵地说："六为小数，取上善若水，九为阳数之极，是取九九道成之意。"老常的话使我茅塞顿开，抬头望去，南山头上云雾缭绕中的老子巨像，正好与这"问道阁"遥相呼应，此景让我心里又生发出了很多感慨。

下了"问道阁"，在返回的路上，我们一路走着，一路谈论着中国人敬神的话题。

说起中国人敬神，我就有点感慨，我看过佛教的书，也看过天主教的书。西方人信神，中国人也信神，但是两者信法不同。西方人敬神，只求神的宽恕，没有非分之想，而中国人敬神是务实的，敬神多是让神保佑自己多多发财，早生贵子，儿女考上大学，让神"为我所用"，再加上受到2 000多年封建思想的束缚，大多数人还停留在盲目跟风和迷信的层面上。

我们从国人敬神，谈到了老子的道教，又从道教谈到了道文化。80年代初，我就拜读了《老子五千文》，但不求甚解，听说学友在某学校当校长，跟一位道长很熟，我便邀他同上道观拜访了道长。听了道长的讲解，我才懂得了老子无为思想的内涵和精妙。老子的"三道"、"三德"、"三同"、"三宝"思想体系是人类受用不尽的文化财富。

我们由道文化的博大精深，又谈到了财神赵公明诚实守信和乐善好施的高贵品德。

我们一路讨论最激烈的话题是曲江人的气魄和胆识。说起曲江人的气魄，的确令人惊叹，财神文化主题公园地处田峪河滩，占地531亩，在当地人眼里这里是荒无人烟的沙石滩，曲江人起石换土，硬是在这沙石滩上创造出了人间奇迹。从2010年5月10日奠基，到主题公园的落成，也就是一年多的时间，如此高速度的建设实在令人佩服！

曲江人的胆识和智慧是超前的，在道教仙都创建道文化展示区和财神文化主题公园，对道文化和财神文化进行解读，这无疑是引导国人摒弃封建迷信思想。

后羿射日

传说古时候，天空曾有10个太阳，他们都是东方天帝的儿子。这10个太阳与他们的母亲即天帝的妻子共同住在东海边上。无常的妻子经常把10个孩子放在世界最东边的东海洗澡，洗完澡后，让他们像小鸟那样栖息在一棵大树上。因为每个太阳的中心都是只鸟，所以大树就成了他们的家，九个太阳栖息在长得较矮的树枝上，另一个太阳则栖息在树梢上。

黎明时分，栖息在树梢上的太阳便坐着双轮车，穿越天空，照射人间,把光和热洒遍世界的每个角落。10个太阳每天一换,轮流当班,秩序井然,天地万物一片和谐。人们日出而耕,日落而息,生活幸福美满。那时候人们感恩太阳为他们带来了光明和欢乐,经常给太阳磕头作揖。

可是,这样的日子久了,这10个太阳就觉得无聊,他们想要一起周游天空,觉得肯定很有趣。于是,当黎明来临时,10个太阳一起爬上双轮车,踏上了穿越天空的征程。这一下,大地上的人和万物就受不了了。10个太阳像10个大火团,他们一起放出的热量烤焦了大地,热死许许多多的人和动物。森林着火了,所有的树木、庄稼和房子都被烧成了灰烬。那些没有被烧死的人和动物四下流窜,发疯似的寻找可以躲避灾难的地方和能救命的水和食物。

河流干了,大海也面临干涸,所有的鱼类也死光了,水中的怪物便爬上岸偷窃食物。农作物和果树被烧焦了,供给人和家畜的食物源断绝了。人们不是被太阳的高温活活热死,就是成了野兽的口中之食。人们在火海中苦苦挣扎,祈求上苍的恩赐。

有个年轻英俊的大神叫后羿,他是个神箭手,箭法超群,百发百中。他看到人们生活在火海中,心中十分不忍,便暗下决心射掉那多余的9个太阳,帮助人们脱离火海。

于是,后羿翻越99座高山,蹚过99条大河,穿过99个峡谷,来到了东海边,登上了一座大山,山脚下就是茫茫的大海。后羿拉开了万斤弓弩,搭上千斤重的利箭,瞄准天上火辣辣的太阳,嗖的一声,第一个太阳被射落了。后羿又拉开弓弩,搭上利箭,嗖的一声射去，射落了两个太阳。这下，天上还有 7 个太阳瞪着红彤彤的眼睛。后羿又狠狠地射出了第三枝箭，这一箭射得很有力，一箭射落了 4 个太阳。其他的太阳吓得全身打颤，团团旋转。就这样，后羿一枝接一枝地把箭射向太阳，无一虚发，射掉了 9 个太阳。中了箭的 9 个太阳一个接一个地死去。他们的光和热一点一点地消失了，最后剩下的那个太阳，他怕极了，就按照后羿的吩咐，老老实实地为大地和万物继续贡献光和热。

从此，这个太阳每天从东方的海边升起，晚上从西边山上落下，温暖着人间，保持万物生存。

青城拜师

后羿一连射掉 9 个太阳，那 9 个太阳滚落到青城山中，青城山顿时烈火熊熊，一时间青城山被大火吞没。大火过后，郁郁葱葱、风情万种的沟壑、山梁化为一片焦土。几个太阳经过这场火劫后死而复生，魔力大增，他们聚在一起，做起了鬼魔王，但一只小金乌良心未泯，他认识到后羿射杀他们是他们罪有应得。他悄然离开了他的兄弟们，独自来到人迹罕至的大山中修炼。

一晃数百年过去了，小金乌苦心修炼已修成人形。一日，小金乌在洞外采集灵光之气，突然见前面石崖上一位采药老人失手从崖顶掉落下去，小金乌忙展开双翅腾空上前接住了那采药老人。小金乌挺身救护采药人这一幕正好被驾云路过的灵宝天尊看见，天尊甚是激动，忙按落云头，来到山涧，掏出一粒灵丹放入采药老人嘴里，片刻，采药老人苏醒过来，忙跪倒拜谢。灵宝天尊笑呵呵地指了指小金乌说："是这位小青年救了你，你快谢谢他吧！"采药老人转身又向小金乌叩谢，小金乌上前一把扶起采药老人，采药老人千道万谢一路而去。

待采药老人走后，灵宝天尊看了小金乌一眼，说道："不错，弃恶从善，孺子可教。"听到灵宝天尊夸赞，小金乌惊疑地看了看灵宝天尊，问道："请问您是何人，怎么知道我的来历？"灵宝天尊将了将长须，说："我乃灵宝天尊也，天地之间哪有我不知晓之事呢？"说着，灵宝天尊又看了看小金乌，断然说道，"你乃东方天帝的儿子小金乌，你们兄弟原本 10 个，每天轮流值班，但由于你们几个不守规矩，一齐出去追逐嬉闹，烧焦了大地，给人间万物带来了灾难，这才招致杀身之祸，被神箭手后羿所射杀，你说是不是？"小金乌见灵宝天尊道破了自己的身世，赶忙跪下就拜，恳求灵宝天尊收他为徒。灵宝天尊见小金乌虔诚、善良，就答应了他的请求，小金乌非常欣喜，又行了拜师大礼。

罗浮洞修道

灵宝天尊此行是专程到终南山去的，师父鸿钧老祖要召集三清弟子到他的洞府商量洪荒之事，就让徒儿灵宝天尊到玉虚宫去请元始天尊，守宫仙童说师父到他的道场终南山去了，灵宝天尊没敢怠慢，又匆忙赶往终南山，驾云路过青城时，碰巧在云头上看见小金乌挺身救护采药老人一幕，在此喜收小金乌为第一个开门弟子。灵宝天尊心想："既然收小金乌为徒，那么就要为他修炼选定一个好去处，听说终南山是个修炼的好道场，大师兄元始天尊就在终南山修炼过，正好我这次要到终南山去，让大师兄给寻个好洞府。"于是，灵宝天尊对小金乌说："徒儿，听说终南山是个修行的好道场，你随师父到终南山去看看如何？"小金乌从父亲那里也听说过终南山是仙地，师父灵宝天尊要带他到终南山去，甚是欣喜，便一口应允："徒儿谨遵师命。"于是，灵宝天尊带着小金乌驾起五彩云一路向终南山赶去。

灵宝天尊一到秦川地界，举目望见终南山一山头紫气缭绕，霞光映天，他断定那霞光处必定是师兄元始天尊的洞府，便降落云头，带着小金乌拾阶而上，登上山头，眼前出现一座洞府，守洞仙童一见忙拱手道："师叔到了，徒儿在此已恭候多时，请进！"说着，仙童前边带路，引师叔灵宝天尊进殿，元始天尊一见师弟灵宝天尊来了，忙站起来笑呵呵地上前让座。见师弟身后跟着一位年轻人，惊疑地看了师弟一眼，问道："师弟，这位是何人？"灵宝天尊见问，就把在青城收徒之事说给了师兄听，并求师兄寻一个仙洞做徒儿小金乌的修炼道场。有关后羿射9日的事，元始天尊早就知晓，见师弟收小金乌为徒，也甚欣慰，忙笑着说："正好，离这里不远处有一个名曰'罗浮洞'的地方，那里是一个好去处，是修炼的好道场。这个地方原本是留给我玉虚宫门人的，那就把这个罗浮洞让给你的徒儿小金乌吧！"灵宝天尊一听大喜，回头看了看小金乌忙说："还不快拜谢你大师伯。""谢谢大师伯！"小金乌激动地低头便拜。

第二天一大早,元始天尊带着师弟灵宝天尊和小金乌来到了罗浮洞。罗浮洞地处山腰,洞外奇花异木环绕,浓阴罩顶,百鸟啁啾;洞内石桌、石凳一应俱全,阳光映进洞内,清新舒畅。元始天尊回头笑呵呵地问道:"师弟你看这洞府如何?"灵宝天尊笑着忙答曰:"仙境也!仙境也!"

灵宝天尊为徒儿小金乌安排好道场后,当即与师兄元始天尊驾起五彩云到师父鸿钧老祖那里议事去了。

罗浮洞内遭雷劫

小金乌在终南山罗浮洞潜心修道,山泉为饮,野果当食,一晃数百年过去,山下何朝何代全不晓得。天长日久,天上的太阳弟弟倒是认出了他,对他特别眷顾,一年四季阳光煦煦,特别是冬日里怕哥哥寒冷,就尽量把多余的阳光洒进罗浮洞里。月亮仙子也特别垂爱他,每晚都把皎洁的月光投向罗浮洞。小金乌心里明白,这是太阳弟弟和月亮仙子对自己的怜爱。罗浮洞受到日月精华的洗礼,这里的花木分外妖娆,日月精华也增加了小金乌的功力,数百年的苦修勤练,小金乌的神力大增。一日,小金乌在洞里盘算着重回天庭,求父亲谅解,好戴罪立功。一日,他把这个想法告诉了太阳弟弟,要弟弟向父亲转告。天帝得知九儿小金乌的情况后,准备派天神到终南山去接小金乌重返天庭。太阳弟弟把父亲的话告知哥哥小金乌,小金乌激动地一夜未眠。拂晓时,猛然间洞顶嘎巴一声炸雷响起,随之嘎巴嘎巴的炸雷一声声直冲洞顶劈了下来，霎时山体晃动起来，小金乌只觉眼前金光闪闪，天旋地转。

远在大鳌山碧游宫的灵宝天尊猛然一怔，忙掐指一算："哎呀！"大喊，"不好。"立即出宫驾云飞向终南山。片刻工夫就到了终南山罗浮洞，正要按下云头，只见雷公和电母正在施法雷劈罗浮洞，他忙一抛长袖，遮掩了罗浮洞。小金乌知道是师父来了，忙跪倒求救，灵宝天尊高声喊道："徒儿不要惊慌，随师父来也。"说着，灵宝天尊把长袖往回一收，小金乌便进了师父灵宝天尊的大袖之中。雷公和电母见是灵宝天尊救了小金乌，不敢言语，只好收了法宝回去复命了。

罗浮洞为何要遭雷劫？原来是被后羿射杀的几个太阳滚落到青城后变成了魔鬼王继续祸害人间，天帝知道后就派雷公和电母前去劈杀。雷公和电母到青城劈杀了 8 个魔鬼王，听说一个逃到了终南山，于是就一路追来劈杀。也是小金乌命不该绝，危急之时，师父灵宝天尊及时赶来，才使小金乌躲过了一场灭顶之祸，这也算是他的造化吧！

投胎枣林

终南山下有一条河，河岸边上散住着 10 多户人家，因河滩地贫瘠，到处长满了野枣树，外村人就给这里起了枣林湾的名字，于是，枣林湾就成了这个小村子的村名。

枣林湾东头住着一户姓赵的人家，男主人叫赵安。赵安是一位与土地打了大半辈子交道的农民,媳妇是村里秀才李先生的女儿。他们膝下有 6 个女儿,还缺少一个顶门立户的,夫妻俩为这事没少犯过愁肠,这下可好,妻子又有了身孕,乐得赵安整天跑前跑后合不拢嘴,盼望妻子给他生个大胖小子好续赵家香火。

就在雷劈罗浮洞的那天夜里,嘎巴作响的滚雷声惊得赵安和妻子赵李氏不敢入睡,屋里一直亮着灯光。

灵宝天尊救徒儿小金乌出洞,怕雷公和电母追上来,不敢怠慢,急忙驾云来到山脚下,见不远处有一村庄,掐指一算,那灯亮着的人家有一临产妇人,便把长袖向那灯光处甩去,赵家院落顿时霞光映天,屋里便传出婴儿啼哭之声,就这样,小金乌投胎到赵安家。

第二天一大早,左邻右舍纷纷来到赵安家道喜,赵安惊喜地问:"你们怎么知道我家媳妇生了孩子?"左邻右舍齐声说道:"昨天黑夜滚雷过后,我们看见你家院落霞光映天,片刻霞光就不见了,我们就知道你家媳妇肯定生了贵子,要不为什么霞光映天呢?"赵安喜出望外,忙招呼邻居们进屋吃喜糖。

送走乡邻,赵安忙到丈人家报喜,请秀才丈人给儿子起个名字。丈人问孩子出生的时间,赵安说:"孩子是拂晓时出生。"于是,丈人就给孩子取名"朗",字"公明"。

开木场,助村民

公明家境贫寒,再加上公明姊妹多,虽然说父亲终日不停地在地里刨着，但地里产的粮食还是不够吃，他们家像祖辈一样仍然过着半年糠菜半年粮的日子。

公明自小就懂事，人常说："穷人的孩子早当家。"原本小公明在姥爷坐馆的学堂读书，姥爷见小公明聪慧，是个读书的料，姥爷决定自个掏钱送外孙小公明到县城学堂去读书。当小公明看到父亲和母亲为操持这个家憔悴的模样时，就婉言谢绝了姥爷的好意，毅然回了家，要为父亲和母亲分担家务。

为了一家人的生计，小公明进山背过柴，攀山崖采过药，跟随木场工人赶过木，什么样的苦活、脏活、累活他都干过。

公明的村子坐落在田峪河畔，这里的地质特点是土少沙石多，土地贫瘠长不出好庄稼来，可这里却是耐旱的野枣树的世界，不知从何时起，这里就成了一片野枣林。故而人们就给这里起了个名字——枣林湾。

居住在这里的人家说起枣林湾，两眼就泪涟涟，有一肚子吐不完的苦水。很早以前，这里就流传着一首歌谣："生在枣林湾，两眼泪不干，好男离家不回头，好女不嫁枣林湾。"人生在世，投胎降生，何处何地，家里穷富，难以选择。小公明就出生在这羊不拉蛋的枣林湾。但小公明生性倔强，他就不相信枣林湾就这样辈辈穷下去，他要凭着自己的胆识和勤劳闯出一条生路来，让枣林湾的人看看。于是，小公明就有了他的活法，凭苦力进山背柴挣钱。起先，小公明怕家里人担心，就瞒着家人说自己去给人家放牛。他背着家人只身到山里去砍柴，把砍的柴扎成捆背出山外变卖，没想到，一个月下来就卖了10多两银子，小公明激动得流下了两行泪水。小公明心想："我出门一个多月了，不知家里是啥样子，得回家去看看，顺便带些米面回去。"小公明在街上买了米和面，高高兴兴地回家了。父亲、母亲和姐姐见小公明背着白米和细面，高兴地合不拢嘴。邻居们见了也都眼红，问小公明干什么挣了这么多钱，小公明就把他进山背柴的事给邻居们说了，邻居们夸小公明懂事能吃苦，求小公明把自己的孩子也带着进山背柴，小公明笑呵呵地答应了。

小公明领着村里的一帮小伙伴进山砍柴去了，他们把柴卖到了村北5 000米处的终南镇。小公明见终南镇集大人多，就在镇上租了一所院子堆放木柴。后来，公明用所有的积蓄在终南镇办起了木场，做起了贩运木材的生意。

枣林湾人在公明的带动下，也争相做起了木材生意，很快摆脱了贫穷，走出了困境。枣林湾人从公明身上看到了美好生活的希望。

正当枣林湾人放手大干时，一场瘟疫悄然而至，村上许多人病倒了，没有几天就蔓延到四乡八村。有人传言说："这种病可了不得，一人得病可传全家，一家染病可殃及全村，一村染病四乡八村遭殃。"一时人心惶惶，有的人家怕被传染就闭门不出，有的举家外出躲避，邻里之间一下疏远起来。公明心想："既然是病哪有治不好的。"他要进山寻找能治这种时疫的药，为乡人剪除时疫。公明赶忙去找坐馆的姥爷问什么药能治这种时疫，姥爷说他听人说有一种叫五味果的药能治这种病，但五味果长什么样子他也不知道。姥爷又告诉他说："听人说五味果南山东岭上就有。"公明心想："虽然不知道五味果长什么样，姥爷说南山东岭上有，这不是给提了个醒吗？"公明回村带了几个村人进南山，不久便到了东岭。早些年，公明采药到过东岭，因坡陡崖高没能上去，但这次是不同了，救乡亲们的命是大事，刻不容缓，若是寻不到五味果，乡亲们的麻烦就大了。想到这里，公明一马当先，上前拨开荆棘，一步一步向山崖上攀去，见公明勇往直前，跟随的几个村人也紧跟而上。当攀上崖顶时，公明有点失望，未见五味果的影子，他倒是见到一架架药吊吊挂满了藤蔓。这药吊吊，过去他采摘过，只知道它是一种温补药，就没在意，只顺手采摘了几串就带村人绕道下了崖头。

公明带着大伙下山后，天色已晚，见路边石崖上有一山洞，能容纳 10 多个人，就决定在那洞中休息，等到第二天再到别处去寻找。公明带村人进了山洞，见山洞潮湿，大伙就笼火驱赶湿气，公明心中有事，就靠在一边闭目思索起来，不一会儿竟呼呼入睡。只见一银发老者，手拿拂尘说："年轻人，你怀里的药吊吊就是你要寻找的五味果，这药吊吊味道不就是五味杂陈吗？这五味果专克时疫之气。"言罢，银发老者一扬拂尘，飘然而去……"找到了！找到了！"公明惊叫起来，大伙惊愕，忙上前摇醒了公明。公明梦醒后，把梦中遇见银发老者之事说给大伙听，大伙也高兴地喊起来。

第二天一大早，公明带着几个村人再上东岭崖头采摘药吊吊。回村后，公明吩咐在村头支起三只大锅煎熬五味果，将熬好的汤分给村人喝。这五味果果真神奇，一下就把那时疫给制服了。四乡八村的人得知枣林湾有个能制服时疫怪病的神医，纷纷登门求解救之法,公明就把采摘的五味果分给他们拿回去煎熬喝。时疫除了,乡人不再为此恐慌了。公明也赢得了宅心仁厚的美誉。在东岭西边有一岭,名曰"西岭",西岭周围翠竹茂盛,山里人给此地起了个名字,叫"竹微山"。公明的三个妹妹,云霄、琼霄和碧霄就在这竹微山修炼。公明修道后,也常来这竹微山与三霄妹妹习武、谈经论道。一日,公明又来到三霄妹妹的竹微山,晚上走出洞府,观望星辰,见西岭峰上亮光闪烁,甚是惊奇。第二天一大早,公明便登上岭头想看个究竟,一到岭头,见峰顶上的山石晶莹剔透,用石块撞击,石音叮当脆亮。公明心想:"如果用此石打造兵器岂不美哉!"下了山岭,公明把自己的想法告知三霄妹妹,三霄妹妹听了公明哥哥的想法后甚是欣喜。于是,公明就留了下来,每日同三个妹妹上岭头打造兵器。见此石质地坚硬,又打造了石器——升、斗等,还打造了犁铧。公明下山后,把打造的升、斗、犁铧带回了村子,村人一试还真管用,四乡八村的人都纷纷仿制。

公明开木场做生意、做人的信条是:诚实守信、公平买卖、有舍有得、公私相济,他的木场生意正是凭着这些信条兴隆的。

一诺千金

诚实守信是公明做生意的信条,他对买家承诺:如果以假充真,以次代好,定会赔付买家千两银子。

一次,由于木场发货人工作一时疏忽,将发给外地刘老板的100车上等木材错发成一车次等木材。账房核查时,无意发现了这个差错，事后，少司将这个事告知了公明，公明当即责罚了发货人，又忙让少司重新向刘老板发两车上等木材过去。当日，公明怀揣银票，带着家僮快马加鞭，去向刘老板当面交罚银。

当公明和家僮路过荒山野岭时，见山上窜下一伙人，拦截了几个过路人。公明心里明白，眼前这伙人肯定是强盗，便催马上前，大声喝道："大胆毛贼，青天白日竟敢拦路抢劫！"为首的一个大汉愣了一下，回头看了看公明，瞪眼道："此路为我开，要过此路就得留下买路钱。"说着，那大汉气势汹汹地挥着刀向公明扑来，公明随手抽出金鞭迎了上去，那大汉怎是公明的对手，只听当啷一下，大汉虎口震裂，撂了大刀，呀呀地惨叫起来。那伙强盗见当家的被公明打下马，群而攻之。公明见强人一哄而上，手中的金鞭便飞舞起来，噼里啪啦，几个强盗落马倒地，其余强盗见状，吓得撂下刀枪，忙跪下齐声求饶："好汉爷爷饶命！好汉爷爷饶命！"公明把手中金鞭一挥，厉声道："滚……"众强盗忙爬起，拉着倒地的强盗仓皇而逃。被劫少年忙上前，低头就拜，公明上前扶起那少年，回身上马，和家僮一路飞奔而去。

原来，那被强盗所劫的少年，正是刘老板的大公子，他是奉父亲之命到乡下去收账，不料在这荒山旷野遇到了强盗，要不是公明出手相救，命已非也。九公甚是惊奇，这位恩公不图回报，只是淡然一笑就拨马走了，九公望着公明远去的背影，自言自语道："奇人，奇人，真是个奇人！"

公明一心想着早日赶到刘老板的住处，快马加鞭，日夜兼程，数日后，到了刘老板所在的地方，他找了一家客栈住了下来。第二天一大早,就带着家僮直奔刘老板府上。此时,刘老板正跟儿子说话,家人进来禀报说赵公明在门外求见,刘老板和公明是生意场上多年的朋友,听说赵公明来了,忙带儿子九公出门相迎。一到门口,还未等刘老板开口,儿子大声惊叫起来:"这不是恩公吗?"他忙回头对父亲说:"父亲,他就是救儿子的恩公。""是吗?这真是天意呀!"刘老板拍手称奇,公明也感到惊奇,荒山旷野所救少年竟是朋友刘老板的公子。刘老板笑呵呵地上前一把拉住公明的手,说:"快到屋里说话。"说着,刘老板和众家丁簇拥着公明进了门。

到客厅落座后,刘老板回头瞥了儿子一眼,说:"愣什么?还不快些拜谢救命恩人。"九公跪下就拜,公明忙起身上前一把扶起了他。刘老板笑呵呵地问道:"赵兄,今天来访不知有何事?"公明苦笑了一下:"不敢当。"公明就把错发木材之事说了一遍,从怀里掏出一张银票放在桌子上,又继续说:"刘兄,不好意思,发错了木料,我来登门兑现承诺,这是 1 000 两银子,算是罚银,请收下。"刘老板忙说:"赵兄,你是我儿子的救命恩人,这个银子我们万万不能收。"公明淡然一笑说:"一码归一码,再说,我赵公明怎么能言而无信,这罚银你一定得收,要是不收,我有何颜面做人。"公明说得在理,刘老板一时难以推辞,只好将公明的 1 000两罚银收下。

赵公明兑现承诺,自罚千两银子的事很快传开了,商家们夸赞公明诚实守信,都愿与他交朋友,做生意。

公
明
篇

一颗夜明珠

由于公明做生意有方,他的木场生意做到了洛阳,同时,他在洛阳城里也开办了几处字号。虽然说木场和字号都有人打理,但他每年都要亲自去洛阳一趟,一是了解行情,二是拜访新老朋友,三是借此机会好好休闲放松一下。

一年秋后,公明带着家僮又去千里之外的洛阳城。一到洛阳城,公明就忙会客访友,接来送往,忙活了半个多月。一日,忙里偷闲,便带着家僮去郊游。当他们骑马路过护城河岸时,见一个人在河对岸,一晃就不见了,公明意识到这人是跳河了,忙回头对家僮说:"那边有人跳河了,快去救人。"说着,公明和家僮便快马加鞭向河对岸奔去。到了河对岸,见那落水人还在水中挣扎,家僮下马跳入河中,把那落水人拉了上来。幸好那人没有喝多少水,头脑还算清楚,公明上前忙问道:"年纪轻轻,为何要跳河轻生呢?"那人便向公明诉说了他的苦衷。

原来,那跳河轻生的年轻人名叫陈九公,因家贫,10岁那年,经人介绍到洛阳城里一家珠宝店当了一名小杂役,三年后,铺台缺人,店主见九公伶俐,就让他跟大师兄黄三学习做生意。九公聪慧好学,几年下来就学会了不少辨别真假珠宝的本领。大师兄黄三见九公绝顶聪明,心生妒忌,心想:"凭九公的智慧,很快就会超越我。人常说:'一山难容二虎。'珠宝店里有了陈九公,就不会有我黄三的好日子。"于是,黄三生歹心要陷害九公。一日,黄三让九公把一颗夜明珠送到城西马员外家里去,他安排人半道上拉九公到小店去喝酒，趁九公解手之际，将那颗真夜明珠调包。马员外见九公送来的是一颗假夜明珠，便将此事告知珠宝店店主，店主大怒，限九公三日归还真夜明珠，三日不还，定要告官抓人。九公明知被人陷害，可一时拿不出证据才想到轻生。

听了九公的诉说，公明大为愤慨："世上竟有如此歹毒之人，我一定要为这个年轻人洗刷不白之冤。"他对九公说："年轻人，你暂时住我府上，这事你就甭管了，我会查清楚的。"九公忙跪倒："谢谢恩公！谢谢恩公！"九公随公明来到府上住了下来。

洛阳城里有个张爽，张爽早年在衙门做过捕快，为人豪爽仗义，跟公明是要好的朋友。公明每次来洛阳城都要和张爽切磋武艺。此时，公明心想："张爽是洛阳城里有名的神捕，没有他破不了的案子。"于是，公明登门拜访张爽，说明来意，请他帮九公洗刷冤屈，张爽一口应允。没过几日，调包夜明珠的事就被张爽查清楚了，黄三被官府抓了。珠宝店店主亲自到公明府上请九公回去，九公执意不去，店主悻悻而去。

九公留在了木场，公明见九公是经营珠宝的奇才，在木场干事埋没了他的才能。于是，就帮他在洛阳城里开了一家珠宝店。果如公明所料，10多年下来，九公就成了洛阳城里的珠宝巨商，从此闻名天下。

九公经过那次劫难后，就和公明成了一对特别要好的朋友。当接到公明邀请他保家卫国的信后，二话没说，就变卖了全部家产，带着家丁来到终南山，投身到义军行列之中。公明让他做了义军副帅，带领义军共同奔赴两军阵前。后来，以身殉国，姜子牙封他为招财使者。

街头解困

一年中秋过后，公明带着家僮去洛阳看望好友陈九公。路过一小镇时，见街头围了好多人，公明一时好奇，便下马上前去看，见一少年在耍大刀，只见那大刀上下飞舞，呼呼有声。"好！好！好！"人群中爆出一阵叫喊声。耍了一会儿，那少年放下手中的大刀，手捧小盘绕场收起钱来。公明看得真切，那少年苦涩的笑中一定有什么隐情。待那少年收摊后，便上前寻问："这位年轻人，小小年纪为何上街卖艺，要是我没猜错的话，你家里可能遇到了什么麻烦事了。"见问，那少年向公明诉说了父亲落难被关进大牢之事。

公明从少年口中得知，他姓姚名少司，父亲是一位拳师，在县里一家镖局干事，在一次押镖途中遭遇一伙强盗抢劫，失了镖，镖局要他赔偿 100 000 两镖银才算了事。一个穷镖师怎能拿出这么多银子，于是，少司为了凑齐银两把大牢里的父亲赎出来，便上街耍大刀卖艺了。

少司卖艺赎父之事，使公明大为感动，当即让家僮从褡裢里取出 100 000 两银票交给了少司。少司忙跪倒拜谢，抬头时，见恩公已骑马走了，少司站起一路追去，边跑边大声喊道："恩公，留下姓名，日后好登门相谢。"公明回头，挥了挥手，说："快到衙门救你父亲去吧！"说着，公明便催马一路而去。

人的两条腿怎么能赶上马的四条腿呢？少司跑了一阵，见公明早就没影了才停住了脚步，他心想："恩公说得对，到衙门把父亲赎出来再说。"少司到衙门交了银票,把父亲从县衙大牢里接了出来。回家的路上,父亲不解地问儿子:"你哪来这么多银子?"儿子少司就把上街耍大刀卖艺凑钱和一黑大汉赠银之事说与父亲听。黑脸大汉,络腮胡须,他不正是江湖义侠赵公明吗?父亲惊喜地喊道:"你遇到大贵人了,此人姓赵名朗,字公明,终南山人,是当今天下的第一大富商。他为人豪爽,乐善好施。"见儿子迟疑,父亲笑呵呵地说:"就是他,没错!"说着,父亲回头看了看儿子,说:"滴水之恩,当涌泉相报,何况人家送银 100 000 两,明日你就去终南山报恩去吧。"少司心想:"父亲说得对,有恩不报何为人也。"他当即冲父亲点了点头,第二天一早就辞别父亲,踏上了去终南山寻找恩公赵公明的路。

这日,公明正在客厅会客,家僮禀报,那位耍大刀的少年寻上门来了,公明甚是欣喜,忙出府相迎。一见面,少司就把父亲让他前来报恩之事告诉了公明,公明笑着说:"大可不必,我不留姓名就是不求回报,你还是回去吧!"少司执意不走,说:"这样回去的话,就是不听父亲的话,是不孝。"公明见少司如此孝顺,再不好说什么,就将少司留了下来。

别看少司年纪轻轻,除了一身好功夫外,他特有心计,拨打运算样样精通。公明便让他做了账房先生。自从少司做了账房先生后,他把木场往来账目调理得明明白白。公明起兵保家卫国,少司就成了训练新兵的教练,开赴前线打仗,他就做了先锋官。后来,为国捐躯,被姜子牙封为利市仙官,为五路财神之一。

83

公明篇

宽以待人

公明在众好友的支持和帮衬下,自任木商,开办了属于他自己的木场。

马老板原是公明的东家,公明新办的木场与马老板的木场仅一墙之隔。对此,马老板倒是没有啥想法,他说:"生意大家做,有钱大家赚。"但是他的儿子马晃就不是这样想的,他认为同行是冤家,多了一家,就是少了一个赚钱的机会。再说,马晃对公明压根儿就有怨恨,一是好多年轻力壮的赶木工跑到公明那里去了,这是挖了他家木场的墙角;二是公明新办的木场日益兴旺,这是占了他家的风脉。于是,这个少东家把对公明的怨恨很快变为报复行动,想方设法要整垮公明新办的木场。

联手对抗是马晃报复公明的第一招,他暗地里把码头老字号木场联合起来结成同盟,派人在码头抢生意,以此手段来压垮公明的新木场。公明知道后一笑了之,他没有跟马晃较劲,而是凭着货真价实和诚实守信赢得了买家的信赖,木场生意倒兴旺起来了。

少东家马晃见一计不成便生损招。

一个黑漆漆的晚上,少东家马晃带着几个家丁,夜半时分悄悄潜入公明木场,趁无人之际点燃了墙边的木材,却不料一股西风吹来,把火苗吹到了他家的院子,火趁风势,风借火威,整个木场被熊熊大火吞没。几个家丁忙将马老板救了出来,可是火势凶猛,木材未能保住一根。

马老板得知马晃带人去烧人家的木场,却把自家的木场给烧着了,十分生气,当即让儿子马晃去向赵公明当面道歉。

正当马老板拉着儿子马晃出门时,家丁进门禀报,说是公明来访。一进门,公明就安慰老东家不要着急。说着,公明就让家僮送上白银 3 000 两,老东家感动得热泪盈眶,羞愧地指了指儿子马晃,欲要开口,公明忙摆了摆手,淡然一笑说:"老东家,事情已经过去了,不要再提了,你家毕竟受了损失,我来帮衬一下也是应该的。"老东家回头瞪了儿子马晃一眼,儿子马晃羞红了脸,不好意思地低下了头。公明起身告辞,老东家瞥了儿子马晃一眼:"还不送送你公明大哥,站着愣啥?"马晃抬起头尴尬地冲公明笑了笑,上前拱了拱手:"赵大哥,请。"公明点了点头,没有言语,迈着大步出门而去。

回府路上,家僮不解地问道:"他带人烧咱家木场,不报官就是了,我们为什么还要送银子去帮他呢?"公明回头看了看家僮,淡然地说:"冤冤相报何时了,咱们这是以德报怨。要是没说错的话,明天那少东家定会到咱们府上来的。"

果如公明所言,第二天一大早,马晃带着家丁,拿着重礼来到公明府上,一见公明低头就拜,公明忙上前一把扶起,淡然一笑说:"人非圣贤,孰能无过,知错能改就好。"此后,少东家马晃和赵公明成了一对要好的朋友,也成了生意场上一对好伙伴。

公明篇

竹筷抵债

王贵和妻子翠翠先前在码头开了一家山货店，由于小两口精明能干，山货店生意倒还不错，几年下来就积攒了不少的钱。当他看到公明的木场生意红火时眼红了，他把所有积蓄都拿了出来，也开办了一家木场，让妻子翠翠继续打理山货店生意。

经营木场，不但要有心计，还要有力气。因为木场的木料得组织人到大山里去砍伐，再把砍伐的木头顺着河道赶出来，每一个环节都要下苦力。一年中的大多数时间，王贵和其他伙计都是在大山里砍伐木料和赶木。无奈，王贵只能把木场生意交给妻子翠翠去兼管。

木场生意不像山货店生意那么简单，谁来店里买货，货一到手就得付钱，而木场生意则是把木材发出去，买家收到货后才给钱。要做大买卖就得有足够的周转资金，很快，王贵的资金周转出现了问题，接到手的大宗生意眼看就要泡汤，王贵心急如焚。妻子翠翠说："赵公明是咱们这里的巨富，你不妨到他府上去借些银两。"王贵迟疑地瞥了妻子翠翠一眼说："这能行吗？常言说同行是冤家，咱们和他一样都是做木材生意的，他能把钱借给咱们吗？"妻子翠翠点了点头说："你说的也是。"说着，翠翠抬头又看了看丈夫王贵说，"听人说，公明这人讲义气，就拿那年马晃带人烧他家木场的事来说，要是别人，早就拿马晃见官了，但他重情重义，念在老东家的份上没有那样做，还亲自拿银子登门去安慰。"听了妻子翠翠的话，王贵点了点头说："公明这人的确不错，待人热心。

行，明天我就到他府上去试试。"妻子翠翠笑呵呵地说："这就对了，人有见面之情，我看保准没问题。"王贵点了点头："但愿如此。"第二天一大早，王贵就去赵公明府上借银子了。

公明听说王贵资金周转不足，就忙问："需要多少银两，说个数。"王贵不好意思地说："1 000 两就行了。"公明二话没说，就让王贵跟着家丁到账房拿银子去了。王贵从账房拿到银子后，乐呵呵地回了家。有了银子，周转顺畅了，那桩大生意做成了，王贵从中赚了3 000 多两银子。王贵对妻子翠翠说："这次多亏了赵大哥帮忙才做成了这桩生意，明天咱们就把借赵大哥的1 000 两银子还给他。"妻子翠翠忙说："不急，赵大哥是大富翁，他也不缺这1 000 两银子，咱们把那银子投进去，再做几桩大生意，等赚了大钱再还他也不迟。"丈夫王贵迟疑地看了看妻子翠翠说："这样不好，做人咋能失信呢？"翠翠说："这有啥不好，到时加利息还他就是了。"

大凡做生意的人，都谋划着赚钱，但往往事与愿违。王贵和妻子翠翠因经营不善，把生意做赔了。一气之下，王贵病倒了，公明得知后，便带着家僮上门安慰，王贵一见公明就诉说了被人诈骗之事，恳求公明宽容几日，待变卖了家产再还那次借的1 000 两银子。公明忙说："我不是来讨债的，听说你病了，我是看望你来了，那银两之事你就不要再提了。"说着，公明让家僮回家拿来借据，当着王贵和翠翠的面撕碎了。王贵忙摆了摆手说："使不得！使不得！你这样做会使我们心不安的。"公明回头看了看翠翠一眼说："你家有筷子吗？"见翠翠迟疑，公明笑呵呵地说："就是你家吃饭用的竹筷子，你去取一双竹筷子来。"翠翠不解地拿来一双竹筷子,公明接过筷子说:"一根筷子500,两根正好1000,我这就收了。这下咱们算是互不相欠,两清了。"说着,公明起身,带着家僮出门而去。

送走公明后,他们才发现桌上放着一包银子,王贵和翠翠知道这是赵公明送的,一时感动得热泪盈眶。

再上罗浮洞

一日午饭后,公明只觉浑身困乏,精神有点恍惚,忙进卧室小歇,刚一上床,就呼呼入睡。一阵仙乐响起,一位长须,头戴紫金冠的老者飘然进屋,公明觉得眼前的老者好像在哪见过,正在惊疑之时,老者开口说:"才去几日你就不认识为师我了。"说着,老者把手中的拂尘一甩,公明心眼一下开窍,赶忙跪倒:"原来是师父来了,恕徒儿眼拙。"老者哈哈笑着说:"这怎能怪你,你已托生转世,当然记不得前世之事,如今你天眼已开,想必记起来了。"公明思量片刻忙答道:"记得,记得!那天徒儿遭雷劫,是师父施法将徒儿收入袖袍之中,才使徒儿躲过此劫。"老者笑呵呵地说:"记得就好,为师得知你诚实守信,乐善好施,广修善缘,今特来告知你再上罗浮洞苦心修炼,修成金刚之身早入仙班。"言毕,公明抬头一看,师父已不见踪影,忙高声呼唤:"师父……师父……"公明一骨碌坐起,揉眼一看,原来是做了一个梦。

公明梦醒后,记起了前世之事,唤来少司,说了梦中之事,少司惊异。少司原本也是天庭一位仙人,只因违反天规,被贬下凡转生,少司心里也有从道之意,两人密定修炼之事。于是,公明把木场交予少司打理,第二天一大早,只身进山,到罗浮洞闭关修炼去了。

当公明攀上山腰,到了洞前,正要举步进洞时,一股寒风吹来,随之洞里窜出一条怪物,公明定睛一看,原来是一条金龙。金龙张开大口,舞动金爪向公明扑来,公明不闪不退,赤手空拳迎战,双方你来我去斗了几十个回合,金龙体力不支,回头抽身就走,公明眼疾手快,上前一把抓住了金龙的尾巴,使劲往回一拽,大声喝道:"你给我回来!"公明拽回金龙就地一摔,金龙不见踪影了,手中却攥着一条金鞭。公明心里明白,这是师父灵宝天尊送给自己的法器,忙跪倒拜谢。

自从公明上了罗浮洞闭关修道后,山下木场的生意由少司一人打理。少司倒是常到罗浮洞与公明会面,一晃10多年过去了。

收伏黑虎

在罗浮洞西侧峪口里,有一只修炼千年的黑虎精,这黑虎精原本是天界一神兽,因偷吃了人参果,被太乙真人消去法力,打下凡尘。这黑虎虽然没了法力,但仙根还在,来到人间便作怪,它时常祸害山里人家。东家失了羊,西家丢了牛犊。于是,山里人便请来猎手进山捕杀,那些进山的猎手怎是黑虎的对手,进山的猎手一个个倒成了黑虎口中之物。黑虎吃了猎手后,便疯狂地窜进村子,见人就咬,见小孩就吃,村里人吓得闭门不出,山下的人也吓得不敢进山了。因黑虎精凶悍，且懂魔法，土地、山神也拿它没办法，便上罗浮洞求公明擒拿黑虎精，公明二话没说，当即提起金鞭出洞府去擒拿黑虎精。

公明一见黑虎精，就厉声喝道："你是何方孽障，敢来此造次！"黑虎精就地一滚，化为人形，接言道："你不就是罗浮洞修道的那个道人嘛，咱们井水不犯河水，你修你的道，我行我的事，闲事少管。"公明一听，愤然道："你祸害人间，天理难容，今天我就把你收了。"说着，公明挥金鞭冲了上去，那黑虎精手握一把大刀砍杀上去，你来我往，两人恶战在一起。公明见黑虎精颇有神功，随手把金鞭向空中一扔，金鞭立时化为一条金龙，口吐烈火，张牙舞爪扑向那黑虎精，几十个回合下来，那黑虎精跪倒在地道："大仙饶命！大仙饶命！"公明见他服软，便收了金鞭，瞪了那黑虎精一眼，说道："要我饶了你不难，你得做我的坐骑，听我的调遣。"黑虎精点头称是，就地一滚现了原形，服服帖帖来到公明面前，公明骑上黑虎腾云而去。山里人家见一位仙人收服了黑虎精，忙跪倒磕头拜谢。

公明收服了黑虎精，山里的妖魔鬼怪都顿然而去，大山恢复了往日的平静。

结识三霄

公明收服了黑虎精后，多宝道人来到罗浮洞，说是师父灵宝天尊要召集截教门人大会，公明莫敢怠慢，跨黑虎提金鞭随着多宝道人驾云去了大鳌山碧游宫。一到碧游宫门前，众师弟在宫门前忙拱手齐声道："大师兄到了，我等奉师父之命，特在此恭迎，大师兄请！"公明忙拱手道："多谢众师弟相迎。"礼毕，多宝前面带路，众人簇拥着公明进了碧游宫。灵宝天尊端坐在大殿高台之上，众弟子忙跪下齐声道："师父，大师兄赵公明已到。"灵宝天尊笑呵呵地挥了挥手道："好，分列两班，听师父道来，今日我们截教门人聚会，为师先说说洪荒之事。"说着，灵宝天尊抬手指了指公明，又继续说道，"你们的大师兄赵公明，想必你们还不认识吧，公明是为师收的第一个弟子，他的前世是东方天帝的儿子小金乌。天帝有 10 个儿子，只因他们贪玩祸害了人间，被神箭手后羿射杀了 9 个，你们的大师兄小金乌就是其中之一。9 日被射杀落到了青城后，8 个成为魔头继续祸害人间，只有小金乌一心从善，于是，为师就收他为弟子。转世后，他远在终南山罗浮洞修炼，从未来过师父的碧游宫，因而大家见他就生疏了。今日，大家相聚，相互认识一下，尔等先分别自报家门，见见大师兄赵公明吧。"灵宝天尊言毕，截教门人依次上前拜见大师兄赵公明。

刚刚相见毕，多宝道人高声道："师父向大弟子赠宝。"多宝言毕，灵宝天尊举目环视了一下殿中众门徒，说道："公明徒儿虽有缠海金鞭和黑虎，但还缺少得力的法器，今日为师就把洪荒之时得到的缚龙索和定海珠赐予他。"说着，灵宝天尊一挥手，两仙童一个捧缚龙索，一个端定海珠走到公明跟前，公明忙跪下拜谢，恭恭敬敬接过两件法器。

公明特别高兴，一是结识了师弟、师妹，二是师父赐予洪荒大宝缚龙索和定海珠。碧游宫一别后，公明应三霄师妹之邀去了三

公明篇

仙岛，师妹云霄向他展示了她炼就的金蛟剪，师妹琼霄向他展示了她的法器量天尺，师妹碧霄向他展示了她的法器混元金斗。

公明从三仙岛回到他的道场终南山罗浮洞后谨遵师命，不敢有半点松懈，继续苦炼，除妖降魔保一方平安。他的勇义之举受到万民颂扬，朝廷得知他的事迹后，赐他大夫之职，请他入朝做官，但他一心从道，无心入仕途，他婉言谢绝了朝廷的邀请，仍然在罗浮洞苦心修炼。

闻仲西征

闻仲乃截教金灵圣母弟子，精通"金、木、水、火、土"五行变化，有坐骑黑麒麟，能须臾千里，手执雌雄鞭，与杨戬一样头生三眼，中间的眼拥有神道，可以放射出数道白光，辨奸邪忠肝，人心黑白。闻仲为商朝太师，辅佐纣王，为托孤之臣。

黄飞虎反商归周后，纣王大怒，命太师闻仲率兵西征。闻仲先命晁天、晁雷二将领兵攻西岐，二将败降，又命大将张桂芳前去征剿，张桂芳兵败被杀。闻仲又命老将鲁雄领兵前去剿杀，结果又被西岐打败。闻仲无奈，只好自带大军前往征讨。

勇赴沙场

公明在罗浮洞修炼，山下之事全不知晓，此时山下起了狼烟，西岐西伯侯姬昌起兵造反，朝廷忙派太师闻仲前去征剿。怎奈西岐有阐教门徒助阵，闻太师兵困绝鹿岭。闻太师得知截教门人赵公明神通广大，又有师父赐予他的洪荒大宝缚龙索和定海珠，只要赵公明前来助阵，定能剿灭西岐叛军。于是，闻仲把军营之事交予喜天君掌管，并叮嘱紧闭营门，高悬免战牌。军营之事安排好后，闻仲便骑上他的黑麒麟驾云去终南山罗浮洞请赵公明前去助阵。

听了闻仲所言，公明才知晓山外之事，他恼恨阐教门人斩杀截教弟子，答应下山去阵前为国效力。闻仲欣喜，告别赵公明，回军营去了。

送走太师闻仲后，公明提鞭跨虎当即下山，来到木场，把保家卫国之事告知了好友少司，少司赞同公明的想法。于是，少司帮公明变卖了木场和所有商铺，布告天下招募四方豪杰，组织义军，报效国家。

听说公明为保家卫国招募义军，家乡人纷纷送子弟前去报名应征，半个月下来就招募了50 000多子弟兵。好友陈九公积极响应，带领家兵家将加入义军行列。陈九公的到来，公明甚是欣喜，忙命九公担负操练新兵之责。操练一月后，祭旗开拔，奔赴前线。

公明带领家乡子弟兵出发那天，家乡的父老乡亲涌上街头为他们披红戴花，公明妻子和5个儿女也赶来为公明送行。公明提鞭跨虎挥泪告别妻子和前来送行的众乡亲，带领家乡50 000万子弟兵开赴前线。

公明篇

魂断疆场

姜子牙破了闻仲的十绝阵，心里甚是欣喜，便在帅帐里大摆宴席为众位仙家庆功，中军官进帐禀报，说是南极仙翁来了，子牙忙率众人出帅帐相迎。进得帅帐后，南极仙翁见帐内摆着宴席，看了子牙一眼，正色道："大敌当前，还敢懈怠，闻仲已到罗浮洞请赵公明去了。这赵公明可是截教一位大金仙，此人十分骁勇。"未等子牙言语，一边的云中子冷笑了一声，忙接上了话茬："赵公明何德何能，师兄为何长他人志气？截教门人摆的十绝阵，我们不是照样给破了，不管他是赵公明，还是李公明，他来，我们照样打败他。"一边的广成子也忙插话道："师弟说得对，他们截教门人法术再厉害，我们阐教弟子也不是吃素的。"十二大仙你一言我一语地说着，南极仙翁见众仙骄气甚旺，狠狠地瞪了一眼道："尔等如此轻狂，不知山外有山，人上有人。"众仙见南极仙翁发火了，都没敢再言语，退到一边去了。

第二天一大早，商军营中三声炮响，赵公明提鞭跨虎率兵来到阵前，姜子牙率众位仙家出营迎战。南极仙翁一见执鞭跨虎之将果然是罗浮洞主赵公明，赶忙出列笑着拱手道："赵师兄，你不在罗浮洞修炼，为何来到这两军阵前助纣为虐？"公明见是南极仙翁，愤然道："什么助纣为虐，我们都是同道中人，你们的人为何要斩杀我截教弟子？"南极仙翁道："兴周灭纣这是天道，我们在替天行道。"公明把眼一瞪，说道："我不跟你理论，我今天要替被斩杀的门人报仇雪恨。"说着,公明催虎举鞭直冲南极仙翁而来。

云中子大声喝道:"南极师兄少跟他啰唆,我来也。"说着,云中子上前祭起九龙离火罩,只见烈火滔天,化为9条火龙向公明扑来,公明不躲不闪,随即把大袖一晃,将那火龙尽数驱散。云中子见公明驱散火龙,正准备凝聚,忽然只见华光一闪,一珠子急速飞来,云中子惨叫一声,顿时倒地,商兵正要上前擒拿,广成子见状,赶忙祭起翻天印,一方大印飞出,公明一闪躲过迎面而来的翻天印。公明从胸中一掏,只见华光一闪,飞出一珠子,广成子一时躲闪不及,被珠子砸中顿时倒地,南极仙翁见片刻之间两位师弟倒地,顿时大惊,忙招呼众仙群而攻之。前有南极仙翁、太乙真人、玉鼎真人,后有黄龙真人、惧留孙、赤精子、普贤真人、文殊广法天尊、慈航道人、道行天尊纷纷祭起法器砸向公明。公明大笑一声,将24颗定海珠纷纷祭出,只见空中华光大作,定海珠伤人无数,一时间,又有玉虚门人倒地惨叫,姜子牙法力低微,只一下就被定海珠砸晕了。只有南极仙翁、太乙真人、玉鼎真人勉强躲了过去。燃灯及时赶到,用乾坤尺救了众人。

第一阵,赵公明就打败了十二大仙。

杨戬和哪吒押送粮草到军营后,听说赵公明打败了十二大仙,不以为然,出阵要会会这个赵公明。到阵前,哪吒一见赵公明,脚蹬风火轮,提枪上前就刺,公明祭起金鞭,10多个黄巾力士上前一齐围住了哪吒,哪吒一抖身,顿时长出三头六臂,10多个黄巾力士纷纷倒地,但瞬间又化作一条条仙索捆住了哪吒。杨戬见状忙开天眼,一束白光射到哪吒身上,击散仙索,哪吒才得以解脱,哪吒不敢上前，忙退到一边。公明见杨戬出手，忙从怀中掏出一颗定海珠砸向杨戬，哮天犬忙扑上去撕扯公明的衣袍，杨戬才躲闪过去。杨戬见公明确实厉害，再不敢恋战，一把拉上哪吒化风而去。

第二阵，赵公明用缠海鞭削去了三太子哪吒头上的菱花，用定海珠定住了二郎神识魔天眼。

第三日，周营里来了五岳散人萧升和曹宝，说他们有专收赵公明定海珠的法器——落宝金钱。于是，他们二人来到商营前叫阵，要会会赵公明。赵公明出阵，萧升催马上前喝道："看你这行头，想必就是罗浮洞主赵公明吧。"公明瞥了萧升一眼，高声道："算你还有眼力，我正是赵公明。我这法器可不打无名之辈，来者报上名来。"萧升哈哈大笑道："吾乃五岳散人萧升。"说着，向后一指，"这位是我师兄曹宝，听说你的定海珠十分厉害，今天我们兄弟特来见识见识。"说着萧升催马举矛就刺，公明忙闪到一边，随手掏出一颗定海珠砸向萧升，萧升回身掏出落宝金钱随手一扔，当啷一声，那颗定海珠被落宝金钱击落在地。萧升忙上前去抢，嗖的一声，公明的金鞭飞向萧升，曹宝见状忙催马上前去救师弟，啪啪两下，萧升和曹宝双双倒地毙命。姜子牙见状大惊，忙命中军鸣锣收兵。

第三阵，赵公明挥金鞭，击败五岳散人萧升和曹宝。

姜子牙忙休兵，免战牌高挂，闭营不出，正当姜子牙无计可施时，陆压来到军营中，陆压向子牙献计，用钉头七箭书可射杀赵公明。子牙依计而行。即日，在周营扎了一个草人，写上赵公明名字，姜子牙披头散发仗剑，脚步罡斗，书符结印，连拜三五日，把赵公明拜得心如火烧,意似油煎,走投无路,帐前帐后,抓耳挠腮。赵公明昏乱,不知军务,只是卧睡,尝闻鼻息之声。且拜半月,赵公明昏沉长睡,不省人事。待21日,子牙用桑枝弓,桃枝箭射杀了公明。

三霄报仇

三仙山上的云霄、琼霄、碧霄三姐妹与大师兄赵公明交情甚好,听说大师兄被阐教门人姜子牙用邪术射杀,怒发冲冠,当即各带法器下山为大师兄赵公明报仇。

正当闻仲为赵公明悲伤时,听中军官禀报说三仙山三霄姐妹来了,这才转悲为喜。他知道三霄姐妹法术了得,她们三人可算是截教门中的上等大仙,她们来定能扭转战局,转败为胜。于是,闻仲亲自出帅帐相迎。

三霄姐妹察看了地形后,布下了九曲黄河大阵,派人向周营下战书,让他们前来破阵。

周帅姜子牙接到战书后,撇了撇嘴说:"赵公明不是号称无敌神勇大将军吗?我们不是照样用钉头七箭书射杀了他吗?这回又布了九曲黄河阵。"姜子牙环视了帐内众将官,轻蔑地笑了笑:"好,既然阵摆出来了,我们不妨去看看。"姜子牙带领各路大仙出帐,一路到阵前去观阵。

到了阵前,姜子牙抬头举目观看,阵门上挂有"九曲黄河阵"

大牌，阵内只有五六百军士守护，阵中只是一堆堆白土堆而已。子牙捋须笑道："我当是什么奇妙大阵，原来是小儿郎玩耍打土城之举！"随行仙家也都随声哈哈大笑起来，一路跟随姜子牙回营。

姜子牙这次可算是走了眼，小瞧了这九曲黄河阵。这九曲黄河阵有九门，分别是东、西、南、北、中、日、月、罗什、计都，九门循环相绕，首尾相连，虚实莫测，又因数极者九，方称之为"九曲黄河阵"。此阵按三才，保藏天地之妙；中有惑仙丹，闭仙诀，能绝仙之神，消仙之魂，现仙之形，损仙之气，丧仙之原本，损仙之肢体，神仙入此而成凡人，凡人入此而即绝。九曲曲中有直，曲尽造化之奇，诀尽神仙之秘，任何仙人、凡人遇此阵均难逃脱。

再说三霄坐骑，云霄坐骑清鸾鸟，貌似丹凤，啼叫一声，百禽酥骨，这青鸾鸟灵巧刁钻，喜啄人眼睛；碧霄坐骑花翎鸟，似凤似孔雀，形貌怪异，跟青鸾鸟一样，在阵前英勇狠毒；琼霄坐骑鸿鹄鸟，一展大翅，山石崩裂，天昏地暗，百兽惊骇。

三霄法器件件了得，云霄的金蛟剪是两条首尾相交的蛟龙变化而成，采天地灵气，受日月精华，起在空中，往来上下祥云护体，头并头如剪，尾交尾如股，不管是什么人，碰上它就会碎尸万段；碧霄的混元金斗原是碣石山一带老百姓家里生孩子用的盆，因为采集了太多的阴气，发生了奇异的变化，不论有多大本事，一遇见它就骨酥肉麻，动弹不得，只能束手就擒；琼霄的量天尺随天而长，变化多端。

第二天开战，姜子牙率领燃灯，南极仙翁，杨戬，哪吒和十二大仙来到九曲黄河阵前，见三霄姐妹在阵内操练军士，求功心切，一个个忙按下云头,跳进阵中直冲三霄姐妹而去。但是进得阵后,几个来回就迷了方向,在阵里乱窜起来。霎时,阵内狂风大起,夹裹着飞沙走石迎面而来。随之,空中出现两条蛟龙,左盘右旋,十二大仙各自忙祭起法器,只见金斗霞光一闪,十二大仙随同他们的法器哧溜一下尽被金斗收去。杨戬和哪吒一愣神,随着霞光又进入金斗之中,南极仙翁忙化作一道金光腾空而去,燃灯见大势不好,骑鹿就走,两条蛟龙嗖的一下就到,咔嚓一下,将燃灯的坐骑梅花神鹿拦腰剪断,燃灯化风而去。

阵内之事,姜子牙在空中看得真真切切,忙鸣锣收兵,慌不择路,落荒而去。

回到营中,姜子牙把军营之事交与南宫适,自己忙骑上黑麒麟去玉虚宫找师父元始天尊去了。

姜子牙进得玉虚宫,燃灯和南极仙翁刚刚落座,正好道德天尊也在座。姜子牙把败阵之事向师父诉说了一番,元始天尊听说自己的阐教门人竟被截教弟子三霄用混元金斗收去,大为震惊。他晓得这混元金斗的厉害,如果被收入其内,12个时辰就会化为血水。莫敢怠慢,忙与师弟道德天尊出玉虚宫,驾云一路直奔九曲黄河阵。

守阵门的将士见阵门外来了众多仙家,忙告知三霄,三霄到阵门前一看,见是两位师伯来了,元始天尊要三霄放了所收的大仙,三霄执意不从,言不和,双方便交起手来。三霄又祭起金蛟剪和混元金斗来收师伯元始天尊,元始天尊一时震怒,施法将二宝夺去,道德天尊命黄巾力士劈死云霄,又命白鹤童子用玉如意击碎琼霄天灵盖,又从衣袖中取出神盒收碧霄于盒中,九曲黄河阵被破,三姐妹命丧黄泉。

兄妹封神

鸿钧老祖命三教共同执掌封神榜,元始天尊见徒儿姜子牙老实愚钝,成圣无望,但命中有将相之禄位,就把封神榜交予他,要他下山扶周灭纣,斩将封神。天界神仙,人间帝王将相冥冥之中各有定数,封神台上各有归宿。封神台上,封赵公明为金龙如意正一真君(中路财神),统领招宝天尊萧升(东路财神),纳真天尊曹宝(西路财神),招财使者陈九公(南路财神),利市仙官姚少司(北路财神)。后来,张天师炼丹,请天帝派一神勇天将守护丹炉,天帝晓得赵公明忠诚神勇,就派他去守护丹炉,功成之后,天帝又加封其为正一玄坛元帅,天庭神霄副帅之职。

封神台上,三霄各有神位,三霄为感应随世仙姑正神,执掌混元金斗,凡是神、仙、人、圣、诸侯、天子等,不论贵贱贫愚,降生都要从金斗转动注生。云霄为催生娘娘,琼霄为护子娘娘,碧霄为送子娘娘。

赵喜三救癫秀才

相传,赵公明为了保家卫国,变卖了木场和店铺招兵买马。家乡的人被他的爱国之心所打动,争相送孩子到他的军营为国效力。10多天就招募了50 000人。赵公明甚是欣喜,请教头操练,杀畜祭旗,即日开拔,奔赴抗敌前线。

赵公明一到前线,就给家人写了一封信,大致内容是:如果自己为国尽忠,家人必离开家乡,隐姓埋名,以免受到株连。

家书写好后派人火速送回家乡。果如公明所言,商军节节败退,公明为国捐躯。消息传到家乡,公明的5个儿子依照父亲嘱咐忍痛分离,四散而去。

这一分散,就是10多年。

赵公明的大儿子赵大举家逃到了终南镇,在终南北堡安了家。赵大生来聪慧,再加上勤奋,10多年下来,赵家在北堡就成了家境殷实的大户。虽然说岁月荏苒,朝代更替,但赵家的家境还像往日一样殷实富有。到了明朝隆庆年间,赵大的后人赵喜已成为富甲一方的巨商,他还把生意做到了南京城。

赵喜在南京城里开办了一家珠宝店,虽说珠宝店生意有儿子赵博打理,但每年他都要到这里小住一段时日。

赵喜人缘好,南京城里有好多朋友。在这些朋友中,与他最投缘的是城里的癫狂穷秀才许仲琳。

一个腰缠万贯的巨商,怎么就结交了一个穷秀才呢?这话还得从赵喜一次郊游说起。

一个风和日丽的日子,赵喜驾车去城外神乐观游览,赵喜随游人鱼贯上山,沿途欣赏风景,正在兴头,突然天空乌云密布,雷鸣电闪,一阵瓢泼大雨驱散了游人,游人抱头四散而去,赵喜和车夫也匆忙下山。在山下的路上,见一衣衫褴褛的人,倒卧在路边呻吟,赵喜忙上前去扶那人上自己的车,快马加鞭,一路向城里赶去。

原来赵喜所救之人是南京城里一位名叫许仲琳的穷秀才,因他生性癫狂,人们就给他送了个"癫秀才"的绰号。

癫秀才家境贫寒,但因其父在世时是个坐馆教书的先生,家里就多了些藏书,癫秀才在其父的熏陶下从小就喜爱看书。他家藏书中有一手抄本——吴承恩的《西游记》,这本手抄本《西游记》,是坐馆的父亲花费了 3 年工夫抄写成的。癫秀才被书中的故事情节所吸引,他特别喜欢这本书,爱不释手,看了一遍又一遍,书中的章节能倒背如流。

癫秀才成了南京城里出了名的小神童,坐馆的父亲见儿子聪慧好学,甚是欣喜,便把他送到县里的书院去学习,好将来金榜题名,光宗耀祖。

癫秀才到了县里的书院,几年下来就熟读了"四书"和"五经",但他对那八股文不感兴趣,尽管老父亲磨破了嘴皮也不顶用。父亲无奈,对他发出了"朽木不可雕也"的叹息。果不出父亲所料,儿子几年乡试不中,20 岁时才考了个秀才。

癫秀才有个叫桂香的表妹,桂香和表哥癫秀才从小就是玩伴,表妹桂香爱表哥天资聪明,她相信表哥将来定能成一番大事。于是,就在表哥乡试中了秀才那一年和表哥完了婚,第二年就给家里添了个小千金。不幸的是，正当全家人喜庆之际，坐馆的老父亲去世了，本来不大宽裕的家又艰难了。凑巧，这时有人上门来请他去坐馆，因家境贫寒，癫秀才别无选择，只好告别妻子和女儿，去外乡做了坐馆的教书先生。

虽然癫秀才当了坐馆先生，但是他的秉性难改，一见演义、传奇一类的书就爱不释手，闲暇时常到镇上的茶馆听评书。说书艺人讲的《武王伐纣》的故事，使他有了写一部神魔小说的想法。妻子桂香的支持，坚定了他的创作信念。一有空闲，他就东颠西跑去搜集写作素材。这不，这天他去城外神乐观拜访一位道长，下山时天气突变，一时着急崴了脚，被赵喜解救，赵喜又给他付了药钱，他打心眼里感激赵喜。

又一日，赵喜从城外访友回来，很远就看见街头路边围了好多人，他好生新奇，便策马上前，到近前一看，见两个男子围住一男子举手就打。赵喜忙下马，上前大声喝道："住手！你们两人为啥欺负一个人，这是何理？""你是谁？闲事少管，到一边去！"举手男子回头瞥了赵喜一眼，狠狠地说。赵喜上前一把将那举手男子推到一边，愤然说道："道路不平，旁人铲修，这事我管定了！""好，好，好，你管，你管，他撞烂了我的瓷花瓶，你赔了就没事了。"另一个男子忙插嘴道："你要他赔你多少银子就算完事？""3 两纹银。"赵喜二话没说，就从怀里掏出一锭银子扔了过去，轻蔑地瞥了那男子一眼，说道："这个全拿去好了。""嚯，这么多！"那两个男子一脸的惊喜。赵喜没有理睬，忙上前去扶那倒地的男子。

"大哥！"倒地男子抬头一看，一下惊叫了起来。

"兄弟是你，这是咋回事？"赵喜见又是上次救的那个男子，也一脸愕然。

"我不小心撞倒了他的瓷花瓶,他要我赔他3两银子,我说他讹诈,他们就动手打我。"许仲琳忙说明事由。

"额头流血了,他们咋出手这么重呢?"说着,赵喜掏出手帕去擦癫秀才额头上的血。

"他们刚动手你就来了,只是点轻伤,没事,没事。"

"没事就好。"

"大哥,多谢你了!"

"咱们都是熟人了,你还跟我客气什么呢,让我的家僮送你回去吧。"说着,赵喜就和家僮把癫秀才扶上了马。围观的人群中爆发出了一阵热烈的掌声,羞得那两个男子低下了头,匆忙闪到一边去了。

半年后的一天,赵喜坐着马车到城外去访友,在回家的路上,远远地听到有人喊救命,赵喜忙让车夫快马加鞭,循声跑去一看,见一男子倒在地上,双手抱腿呲牙咧嘴地喊着,身边的毛驴惊得晃着头嗷嗷地叫着。赵喜忙上前问:"兄弟,是不是把腿摔伤了?""大哥!是你!"癫秀才一时愕然。见赵喜惊诧,苦笑了一下,忙说:"今天上午送大女儿回婆家去,在亲家家中贪了几杯,骑驴回家,不时觉得头晕脑胀,就从驴背上摔了下来……"

"兄弟,不要害怕,我这就送你到城里看大夫去。"赵喜忙安慰说。

"这又要麻烦大哥你了!"癫秀才不好意思地看了赵喜一眼。

"快别这样说,救人一命胜造七级浮屠。"说着,赵喜招呼车夫,扶癫秀才上了自己的马车,把驴系在车后向城外走去。

赵喜三救癫秀才，癫秀才甚是感激，让妻子桂香在家中备了几样小菜，亲自登门请赵喜到家相谢。赵喜见癫秀才真心实意请他，就欣然前往。一来二去，他们两人就成了无话不说的好朋友。癫秀才也常到赵喜的珠宝店闲聊。

癫秀才惊喜，这个他叫大哥的恩人就是赵公元帅的后人。赵公元帅率军大战周军的故事，他在镇上茶馆说书人那里听过，赵公元帅武艺高强，骁勇善战，最后血染疆场，为国捐躯。更让他敬佩的是赵公元帅为了保家卫国，变卖家产舍妻抛子奔赴疆场的视死如归的爱国精神。

癫秀才牢记着赵大哥的恩德，他要让恩人的先祖赵公元帅为世人敬仰。于是，癫秀才用了 10 年时间完成了《封神演义》这部旷世之作。

《封神演义》是写完了，但癫秀才更穷了，二女儿出嫁时，家里已没有像样的陪嫁物品，他就把他 10 多年的呕心之作《封神演义》当作嫁妆送给了女儿。就这样，他的《封神演义》书稿就随女儿到了婆家。数年后，女婿把《封神演义》书稿拿到街上的当铺去典当，当铺老板慧眼识宝，出了个大价钱买了去。当铺老板当即把这《封神演义》书稿拿到书馆刊印，刊印本一问世，便风靡一时，人们争相抄阅。

赵喜三救癫秀才许仲琳，癫秀才许仲琳一部《封神演义》让赵喜的先祖赵公元帅成了世人敬仰的华夏正财神，从此，流散在外乡的赵公元帅后人纷纷回故乡——赵大祭拜先祖赵公明。

散落在台湾的公明后人得知先祖赵公明的故乡后个个欣喜万分，立即组团到故乡赵大村寻根祭祖。他们没有忘记赵喜的功德，在举行祭祀大典时请来终南北堡赵喜的后人上头炷香，以表示对赵喜的敬重之情。

财神回家

"举头望明月，低头思故乡。"赵公明是个重情意的人，虽然成了神仙，但对家乡仍有割不断的情怀，他没有忘记在他苦心修炼的年月里家乡人对他的支持和帮助，做人不能忘了根本，做神仙一样也得知恩图报。离家 10 多年了，也该回去一趟了，赵公明归心似箭，立即驾起五彩云向家乡赶去。

约莫半天工夫，赵公明就回到了终南山，一股浓香直冲霄汉，喧天的锣鼓声震耳欲聋。赵公明忙按下云头，只见街上吹吹打打人头攒动，非常热闹。赵公明感到惊奇，便随着人流向前走去。

不一会儿就来到了一座庙前："谁这么大胆，敢在我的府第前建庙堂？"赵公明怒目圆睁，挥起了打虎神鞭正要向下砸时，猛然抬头一看，大殿门楣上写着"华夏财神赵公元帅庙"几个烫金大字，挥鞭的手停住了。赵公明一下转怒为喜，心里倒觉得有点愧疚，自己出去那么多年，家乡人还一直惦记着，又在老殿前建起了宏伟、华丽的新大殿，他激动得热泪盈眶。

"前街的人与后街的人在十字打起来了……"大殿前看热闹的人听了这话后一起向村十字涌去。

后街，也叫北街，也就是老庙的那条街，前街也叫南街，也就是新庙的这条街。前街和后街的人好好的为啥就打起来了呢？赵公明也好生惊奇，过去每当自己过生日，前街和后街的人都是合力操办，大小事都从未红过脸，今天不知为啥给打起来了。赵公明迈开大步急匆匆地向十字赶去，想看个究竟。

"你们凭啥对香客说我们的庙是假的？""谁不知道我们北街的财神庙是老庙，你们南街的庙才修了几天，你说不是假的，难道说我们的老庙是假的不成？"两个黑脸汉子见一下来了那么多围观的人，相互对骂着，越骂越来劲。

"这不是前街的张三和后街的李四么，虽说张三和李四他们一个住在前街，一个住在后街，但村上的人谁不知道他俩就像亲兄弟一样要好，为什么今天对骂的就偏偏是他俩呢？"赵公明正在纳闷，又听到张三和李四对骂起来："你们前街的人就是不要脸，硬把香客往你们那里拉，还想跟我们争财神，没门！""啥，你们吃稻黍面，就不兴人家拉红屎。财神爷又不是你家私人的，咋就不兴我们供奉呢？""呸！说得好听，我看你们供奉是假，借财神爷捞钱才是真的。""半斤对八两，难道你们不也是借财神爷捞钱吗？""不要跟他们多嘴了，走，把他们盖的新庙给掀了算了。""对，把他们的新庙掀了，看他们还捞钱不！"哗啦一下，后街的人就拥了上去，前街的人也不甘示弱，前后街的人就这样打起来了，一时噼噼啪啪木棍的对打声和人群中的叫骂声响成了一片。

公明好生惊奇，前街的张三和后街的李四，虽说不是同姓同宗的亲兄弟，但他哥儿俩却跟亲兄弟一样的亲。他们俩爷爷的爷爷就是八拜之交的异姓兄弟，子承父志，代代相传，到了张三和李四这一辈，他们两家友情仍是有增无减。村上就数张三家和李四家跟自己最近，每年两次的祭祀活动都是由他俩牵头组织操办，今天他俩怎么能领着人打起来呢？

昔日好兄弟，今日结仇怨，这到底是为啥？公明不解。忽然，招财童子来报，说是终南山的吕洞宾来访，公明忙出门相迎。"这10多年跑到哪儿去了？一点儿口信也没有，一听说你回来我就忙赶了过来。""最近我非常忙，这不，昨天才抽了个空，回来看看。"公明一把拉住了吕洞宾的手没完没了的说了起来。吕洞宾在终南山修炼，他的洞府就在秦岭脚下，他和赵公元帅是近邻，交往甚密，两人经常在一起研讨道法，10多年未见，吕洞宾一见老友倍感亲切，也紧紧地抱住了赵公元帅。

进屋落座，善财童子忙献上热茶，洞宾端起茶杯呷了一口，抬头冲公明笑了笑，说："乡亲们给你盖了新殿，你怎么又回到这里来了？"见问，公明没有作答，只是苦笑，洞宾有点诧异，又问："看你一副苦瓜脸的样子，是不是又遇到什么难事了，说给我听听，兴许我还能为你帮上忙呢。"于是，赵公明就把张三和李四反目成仇的事说给了好友吕洞宾听。洞宾听了，哈哈大笑起来，撇了撇嘴说："这有何难，小菜一碟，我有办法使张三他们前街人和李四他们后街人化干戈为玉帛。""你有何妙策？"见公明不解，洞宾便附在公明耳边嘀咕了一阵，公明顿时愁眉舒展。

"我没有……我没有……""他爸，你是不是又做恶梦了？"李四正睡着，不知怎么的，惊得一骨碌坐起来，吓得老伴菊花也坐了起来。李四揉了揉惺忪的睡眼，惊愕地看了看老伴菊花一眼，说起了梦里的事："我和咱街上的人在厢房里正商量怎么对付前街的人，见一个身上斜背长剑，貌似道士，手拿拂尘的人，一进门就指着我的鼻子，高声道：'你就是李四吗？'我忙点头，那人又气冲冲地说，'公明回来了，他见你们为他争斗，很是生气，为了几个香火钱，你争我斗的，好端端的一个祥和的村子让你们折腾成啥模样了，他感到心痛。他要我给你们说，要是你们再窝里斗，他可真的要走了。'那人看了看我们几个人，又说道，'贫道，公明好友吕洞宾是也。'言毕，那人一扬手中的拂尘，便无了踪影。"

同日夜里，前街的张三也做了同样的梦，惊得他额头直冒冷汗。

第二天一大早，前街的张三和后街的李四不约而同地走出了家门，两人在村十字相遇了，张三红着脸快步上前，李四一见张三也急忙上前一把拉住了张三的手，说："兄弟，那天……""什么都甭说了，这全是小弟的错，我不该……""不说了，过去的事就让它过去吧！""好，好，好，过去的事就让它过去吧！"张三和李四激动得紧紧地抱在了一起。

经吕洞宾的点拨，前街的张三和后街的李四和好了，前街和后街的人也都和好了。

看到村上前街和后街的乡亲们又亲密地走到了一起，公明打心眼里高兴，忙让招财童子和善财童子再上终南山，邀请老朋友吕洞宾和道德天尊来他的大殿游玩。

张天师与赵公明

张天师就是张道陵，其本名是张陵，东汉末五斗米道的创始人。张天师是后世的道教徒对张道陵的尊称。在某些道教流派中，张道陵与葛玄、许逊、萨守坚被称为"四大天师"。

传说张道陵是从北斗魁星中降地，并被授以蘅薇香草以护其身。他成年时庞眉广颡，隆准方颐，目有三角。他通晓"四书"、"五经"、河图洛书、天文地理。后来，他在阳羡山中得到《黄帝九鼎丹法》，经他仔细研读后，在龙虎山炼丹3年，炼成"龙虎丹"。此后，他又西行去寻求仙境，机缘巧合，他得到《五岳摄召万灵神龟秘文》，经过刻苦修炼后，会各种仙法，能够呼风唤雨，尤其擅长驱鬼。

此后，张道陵游历四方，曾经在蜀地将八位鬼神、六天魔王等一一铲除，后因驱鬼避邪闻名于天下，被天下人尊称为"张天师"。

赵公明为道教中的神仙，自秦时避世山中，虔诚修道。到东汉时，张道陵天师入鹤鸣山静修时收之为徒，并使其骑黑虎，守护丹室。张天师炼丹成功，分丹给赵公明食之，遂能变化无穷，形似天师。张天师命其守玄坛（道教斋坛），因而被玉帝封为"正一玄坛赵公元帅"，故称其为赵玄坛。因其身跨黑虎，故又称"黑虎玄坛"。

赵公明财神一职，是来源于《封神演义》。赵公明受殷商太师闻仲之邀，下山协助殷商军队与西岐周军作战，被陆压杀死，在封神台上被姜子牙封为财神。

钟

离

篇

天下都散汉钟离权

钟离权姓钟离,名权,别名云房,一字寂道,号正阳子,又号和谷子。自谓生于汉,一说其为五代后汉时人,北宋时邢州开元寺尚存他的草书诗,后遂称"汉钟离"。或云权尝自称"天下都散汉钟离权",后人误以"汉"字属下,故又被称为"汉钟离"。少工文学,尤喜草书,身高8尺,官至大将军。后因兵败入终南山,遇东华帝君授以至道,乃隐于晋州羊角山。道成,束双髻,衣槲叶。全真道尊他为"正阳祖师",后列为北宗第二祖,亦为道教传说中的八仙之一。

据载,钟离权得东华帝君授以青符玉箓,金科灵文,大丹秘诀,周天火候,青龙剑法。后又遇华阳真人,得太乙刀圭,火符金丹,洞晓玄玄之道。最后在崆峒山紫金四皓峰一洞中得轩辕黄帝所藏玉匣秘诀,遂成为真仙。后游庐山,遇吕洞宾,授之以大道天遁剑法,龙虎金丹秘文。后形成钟吕金丹派,对宋元道教发展产生了极大的影响。

有关钟离权的故事颇多,据《历代神仙通鉴》卷九、《列仙全传》卷三等书的记载,其主要故事大体如下:

汉钟离的父亲钟离章是东汉大将,以征北胡有功,封燕台侯,其兄钟离简为中郎将。

钟离权诞生时就有一段神话传说:

有一巨人,大踏步进入其母内室,自云:"我是上古黄神氏,当托生于此。"顿时,只见异光数丈如烈火,一个婴儿出生了,这婴儿刚生下来时就像 3 岁小孩一般大,天生一副福相:顶圆额广,耳厚眉长,目深鼻耸,口方颊大,唇脸如丹。更为罕见的是,此孩子昼夜不声不响、不哭、不吃,第 7 天突然说了一句:"身游紫府,名书玉京。""紫府"与"玉京"是玉帝的宫城,这就是说他是玉皇大帝仙班中的一员。因其自幼自识轻重,于是父亲给他起名为"权"。

钟离权长大以后,俊目美髯,身高 8 尺,一表人才,不久官谏议大夫。当时吐蕃造反,钟离权奉诏出征。权臣梁冀妒忌,怕他立了头功,就给他老弱残兵 20 000,军至前方扎营未稳,敌人乘机劫营,军士尽散。钟离权败走独骑逃往山谷,迷失道路,夜进深山密林,后遇到一个蓬头佛额,身穿草衣的胡僧,引钟离权行走数里来到了一个村庄,说:"此处是东华帝君成道的地方,将军可以歇息矣。"钟离权未敢惊动村中人,不一会儿,忽听有人说:"此碧眼胡僧饶舌也!"只见来人身披白鹿裘,扶青藜杖,接着又问,"来者是汉大将军钟离权否?"钟离权应声道:"是。"老人又问:"你为何不寄宿山僧之所?"钟离权闻而大惊,他仔细想:"老人怎么知道我已来了,此必异人。"此时,钟离权已饥寒交迫,疲惫不堪,已有鸾鹤之志,乃回心向道,向老人哀求度世之方。这位老人乃东华帝君,叫王玄甫,是位上仙。

此后,钟离权或隐或现,历魏至晋,又做了边关大将。改名为"金重见",即将"钟"字加入姓名中。此时的钟离权长相与打扮有些古怪:袒腹,手摇芭蕉扇自若,赤面伟体,龙眼虬髯,见晋帝骄奢,遂解印而去。到了唐末,他又出现,度了吕洞宾。

八仙中名气仅次于铁拐李的是钟离权。他在八仙中地位较高,特别是由于道教徒的吹捧,名声更大。元时,全真道奉为"正

钟
离
篇

阳祖师"。有关其人物原型,约出现在五代、宋初之际。《宣和年谱》、《夷坚志》、《宋史》等书中都有他事迹的记载。唐代时确实有位叫钟离权的人,《全唐诗》录有他的三首绝句,并附有小传云:"咸阳人,遇老人授仙诀,又遇华阳真人,上仙王玄甫,传道入崆峒山,自号云房先生,后仙去。"他留世的诗为《题长安酒肆避三绝句》,其中有"坐卧常携酒一壶,不教双眼识皇都"、"得道真仙不易逢,几时归去愿相从"等句。

终南山说经台东侧有一峪,名曰"赤峪",赤峪山上有一洞,因钟离权在此洞修炼过,故而此洞名曰"迎阳洞"。

八仙文化

八仙传说在我国民间流传久远,最早可上溯到唐宋时期,诗词、杂记中就有八仙之说。《太平广记》中也有八仙人物的记载。但其中所涉及的人物并非我们今天所传的 8 位大仙。至明代吴元泰所撰《八仙出处东游记》才确定汉钟离、铁拐李、张果老、吕洞宾、何仙姑、蓝采和、韩湘子、曹国舅 8 位大仙,一直相传至今。

既然是 8 位大仙,他们的身世本来是无从查考,也无深究的意义。然而,神话在不断创造、流传、丰富的过程中把他们从天国拉到人世,或修行,或超度,人亦可以成仙。神话传说是口头文学,在人们口头流传过程中,经过众多民间艺人自觉不自觉地进行加工、丰富,创造了八仙的形象。尽管仙界的最高权威在八仙面前还显示着至高无上的权力和尊严,但 8 位大仙实际上并不甘愿受玉皇大帝的管束,也不听从道家鼻祖太上老君的调遣。他们天马行空，独来独往，成为神仙群体中的一个小小的流派——逍遥快乐的散仙。

人们在现实中遭受压迫，或者不能实现的愿望，就把它寄托在幻想世界里，借助想象力支配自然，把自然力加以形象化，以实现自己的目的。八仙的传说故事中，就寄予着人们的思想、意志和愿望。八仙同情劳动人民，给予关注或暗中帮助，惩恶扬善，劫富济贫。人们的口头文学创造了八仙，八仙自然受到人们的喜爱。特别是八仙过海的传说深入人心，8位大仙各有各的卓著才干，各有一手应变的绝招，成为智慧的化身，给人们以极大的启迪和鼓舞。他们的故事数百年来化为一句民谚："八仙过海，各显神通。"在人们心中留下了可资借鉴的榜样和永久的魅力。

八仙故事流传到今天已不再是简单的民间传说，已经形成了一种文化现象。于人们的日常生活中无处不在，常见以八仙命名的八仙祠、八仙桌、八仙宴、八仙秧歌等等，目之所及的花瓶、香炉、钱币、铜镜、门楣、文房上的八仙图案比比皆是，表现手法更是千变万化，还有明八仙、暗八仙之分，人们对八仙的喜爱与敬仰可见一斑。

先贤道：九天阊阖开宫阙，八仙过海在蓬莱。

蓬莱因八仙而神秘，八仙因蓬莱而富有传奇色彩。

民间有一首歌谣唱道：

钟离宝扇自摇摇，拐李葫芦万里烧。

洞宾挂起空中剑，采和一手把篮挑。

张国老人知古道，湘子横吹一品箫。

国舅曹公双笏板，仙姑如意立浮桥。

歌谣中唱的正是8位神仙随身所带的法宝。

铁拐李黑脸蓬头，卷须巨眼，右足跛；手拄铁杖；身背葫芦，头束金箍，葫芦中的仙丹，不但能为人治病，且能起死回生，葫芦是他的法宝，赞之者曰："葫芦中岂只存五福。"

汉钟离身高8尺，美髯俊目，头上扎双髻，常常手执一把小扇，小扇是他的法宝，人道是："轻摇小扇乐陶然"。

张果老倒骑毛驴，手拿渔鼓，"渔鼓频敲有梵音"，渔鼓是他的法宝。

吕洞宾浪迹江湖，身背一把宝剑。这剑，按《醒世恒言》中的"吕洞宾飞剑斩黄龙"所说，是他的师父汉钟离所赠，号为"降魔太阿神光宝剑"，原是东华帝君送给汉钟离的，有飞取人头的特异功能。只要告诉它仇人的姓名、住址，念一个咒，它就会化为青龙，飞去斩首，口中衔头而来，吕洞宾以这一把宝剑为法宝，赞者曰："剑现灵光魑魅惊"。

何仙姑常常手执一枝荷花，荷花就是她的法宝，有诗句为证"手执荷花不染尘。"

曹国舅的法宝是笏板，人称之为"笏板和声万籁清"。

蓝采和常常携带一只花篮，花篮是他的法宝，尽人皆知"花篮内蓄无凡品"。

韩湘子生性狂放，流落江湖，常执一箫，箫是他的法宝，"紫箫吹度千波静"。

八仙的法宝有时一人不只一件，有的说法不一。

铁 拐 李

铁拐李又称"李铁拐"，其名甚多，有李凝阳、李洪水、李孔目、李玄、李元中等。生于何时，众说纷纭。传说他于华山寻到与自己同姓的道教鼻祖李耳(老子)，受其点化而成仙。李耳带其游历诸仙山，临行前嘱其徒弟守住他的肉身，约定7日不返方可焚化。岂料守到第6日，其徒弟家人告急，其母病危，遂焚铁拐李的肉身而去。待铁拐李随老子游历归来时已不见自己的肉身，却遇一饿殍卧于山中，情急之下，只好将自己的游魂附于其上，因而变成蓬头垢面、袒腹、跛足的乞丐模样，世人也因此唤他"铁拐李"。关于铁拐李换身另有一说，说他学道于终南山，在一次元魂出窍时，躯体被老虎吃掉，元魂只好钻进刚死的乞丐体中，于是变成后来的样子。情节有别，结局一样。

蓝采和

蓝采和原名许坚，唐朝人，因他唱歌时多以《踏踏歌》为主，《踏踏歌》最为著名的一首是：踏歌蓝采和，世界能几何？红颜一春树，流年一掷梭。古人混混去不返，今人纷纷多来更。朝骑鸾凤到碧落，目见桑田变白波。常景明辉在空际，金银宫阙高嵯峨。歌词极多，均有仙意，人莫测之。南唐沈汾《续仙传》等典籍均有记载。人们便称他为蓝采和。传说他是赤脚大仙降生，身虽为人，却不昧本性，放荡不羁，玩游一世。终年只穿一蓝衫，一脚着靴，一脚赤足。每于街上讨钱，常执大拍板边歌边行。他的歌谣随口而出，看来似狂非狂，却有神仙意蕴，令人莫测。他周游天下，与铁拐李偶遇，便与之论道。后遇吕洞宾，言说奉玉帝之命来超度他成仙，他便随吕洞宾飘飘忽忽飞入天庭。

韩湘子

韩湘子本名韩湘，是唐代大文学家韩愈的侄孙。八仙中的韩湘子并非此人而是韩愈的侄孙。但后人把这位族侄的故事附会在韩愈侄孙身上，并尊之为"韩湘子"。传说韩湘子生有仙骨，素性不凡，厌烦华丽，喜欢恬淡,佳人美女全不动心,美酒佳肴不能溺其志。他所热心的是道家的修炼之法,黄白之术。韩愈屡次劝他读书求进取,他却总是回答:"我所学的与你所学的绝不相同。"韩愈恼怒,狠狠地训斥了他。一天,湘子外出访师,恰好遇见吕洞宾和钟离权,便弃家随二人学道去了。后来到了一处地方,见仙桃红熟,他便爬上树欲摘仙桃,结果桃枝断折,坠于地上,身死而尸解,于是便成了神仙。韩湘子给人的印象最深的是他未卜先知的本领,他所预测之事,尔后皆都应验。

张果老

张国老原名张果,"老"是人们对他的尊称,也是因他模样长得老,显得岁数大,所以世称"张果老"。传说他是宇宙混沌时期的白蝙蝠,因受天地之气,得日月之精华,历岁久远,化而为人。后隐于中条山,接受铁拐李等仙人的论道说法,往来汾晋之间,长生不老。许多年逾古稀的老人回忆,童年时见他,他就自称有好几百岁了。唐玄宗有一个妹妹叫玉真,喜欢修道,唐玄宗便想将她嫁与张果,以求双修成仙。张果敲着渔鼓、简板唱道:"娶妇得公主,平地升公府,人以可喜,我以可畏。"唱完大笑不止。然后掏出纸驴,吹起成形,倒骑而行。他这种玩世不恭的态度家喻户晓,至今尚有两句歇后语"张果老倒骑毛驴——往后瞧"、"骑驴看唱本——走着瞧"。后人给张果老送的一首诗很有意趣:"举世多少人,无如这老汉,不是倒骑驴,万事回头看。"

曹国舅

曹国舅别名佾,亦作景休,宋仁宗的大国舅。他出身贵族,天资聪颖,纯洁善良,不贪富贵,酷慕清虚。宋仁宗的二国舅是个花花公子,恃势作恶,巧取豪夺。一次,二国舅路遇一秀才携妻进京赶考,见那人妻子姿色迷人,便将他夫妻骗至家中,先将秀才绞死强占其妻。之后,秀才的冤魂诉案于包公,包公将二国舅铡死。曹国舅以其弟作恶为耻,怕受牵连,便散尽家财出家进山修道。在山中他遇到钟离权和吕洞宾,二人问他:"听说你在修炼,所修的是什么呢?"他答:"修道。""道在哪里呢?"他以手指天。二位又问:"天在何处?"他用手指向心窝。二位神仙笑着说:"心就是天,天就是道,你亲眼见到道的本来面目了!"于是教他以还真秘术,引他入了仙班。

何仙姑

何仙姑原名何琼,永州零陵人,是八仙中唯一的女仙。生下来时紫云绕室,头顶有6根长毫。十四五岁时,梦中得神人指示:"食云母粉,当轻身不死。"从此每天吃云母粉,果然身轻。其母以女大当嫁之由,为她择配,她却死活不允。一天,她在溪边巧遇铁拐李和蓝采和,二人授她以仙诀。从此,她常往来于山谷中,行走如飞。朝去而暮归。母亲问她行踪,她只说去了名山仙境与仙人论道。渐渐长大之后,言论异乎寻常。武则天听说她的奇闻,便遣使召她进京。将到京师,忽然不见,四下寻找,踪影全无。到景龙年间,由铁拐李引导,大白天升仙而去。唐天宝九年(公元750年),有人在麻姑坛见她站在五色云中。唐大历年间(公元766年—公元779年),又有人见她在广州小石楼。

点石成金度湘子

一日,7位大仙在天上巡游。汉钟离说:"我去度一位凡人来成仙,好吗?"6位大仙齐声说:"行呀,你去度凡人吧。"

于是,汉钟离手执芭蕉扇,告别了6位大仙,踏着云朵四处寻觅。忽然，箫声飘入空中。汉钟离低头一看，见山谷中有一个年轻人站在一块大石头上吹箫，像出家修道的人。

汉钟离下来一看是韩湘子，便想考验考验他，就走上前去说："韩湘子啊，你知道吗？你要发财啦！"

"哎呀，大哥啊，您怎能讲这个话呢？想发财就能发财吗？"

"你要想发财的话就把脚底下这块大石头搬来，我教你念咒语，你把咒语学会了就能发财，而且发大财！"

"哦……"韩湘子就用力将脚下的大石头搬到汉钟离面前。

"我教你啊，把咒语念会了，你就能点石成金！"

"还有这么个好事啊？"

"我点石成金给你看，怎样？"汉钟离唔唔噜噜，咿咿呀呀，咒语一念，手一指，这块大石头竟金光闪闪。

韩湘子笑着说："不错，是金石头。不过，这金石头以后会不会变质？"

"汉钟离神秘地一笑："唉，500 年之内不会，以后嘛，管它呢，你发 500 年大财还不够吗？"

"我这个人啊，和你想的不同。"韩湘子笑了笑，说，"我家里 500 年金子堆成山，富得流油，其他人穷得到处逃荒要饭，我发财有什么用呢？这个咒语我不学，这个财我不想发。"

"哎呀，你真不学这个咒语？"汉钟离着急地说，"千载难逢的机会，错过了你可要后悔的呀！"

"你自己发这个财去吧……"韩湘子说完，不理睬汉钟离，又吹他的箫了。

汉钟离哈哈大笑："韩湘子呀，你的心真好，要富大家富，大家一起过好日子,这话有道理! 你能成为一仙……"

汉钟离随手用芭蕉扇扇了扇,韩湘子有了仙气,飘飘荡荡升上天空,加入了七仙队伍,七仙成了八仙。从此,8 位仙家结伴云游四方,韩湘子边走边吹他的箫,悠扬的箫声在天空中回荡着……

十试吕洞宾

传说吕洞宾的母亲要生他的时候,屋里异香扑鼻,空中仙乐阵阵,一只白鹤自天而下,飞入他母亲的帐中就消失了。生下的吕洞宾果然气度不凡,自小聪明过人,日记万言,过目成诵,出口成章。后来吕洞宾游庐山,遇钟离权,得天遁剑法。64 岁时,吕洞宾游长安,在酒肆遇见一位在墙壁上题诗的人,吕洞宾见他状貌奇怪,诗意飘逸,问他姓名。此人说:"我是云房先生,居于终南山,你想跟我一起去吗?"吕洞宾凡心未尽,没有答应。这位云房先生就是钟离权。后来吕洞宾受钟离权点化,决心弃家跟钟离权去终南山学道。钟离权却推托道:"你仙骨没长全,志行未能坚定,想要超越俗世,还需重新投生再过几辈子。"说完飘然离去,吕洞宾却不气馁,辞官隐居学道。于是钟离权想考验吕洞宾,看他意志是否坚定。

一天,吕洞宾外出回家,却见全家人突然病逝。吕洞宾早已看破尘世,所以也不悲恸,只是买来棺木准备收殓,可病逝的家人却又活了过来。原来这是钟离权对他的第一次考验。

吕洞宾拿了一些东西到市集上去卖,讲好了价钱,对方收下了货物却突然反悔,只愿付给他一半的钱,他不计较,干脆分文不取,将东西白送给对方,自己脸色平和地走了。这是第二次考验。

大年正月初一,来了一个乞丐,靠在大门上讨钱,吕洞宾给了乞丐一些钱。谁知,那乞丐贪心不足,讨了这件讨那件,给得慢一点,便破口大骂起来。吕洞宾不但不生气,反而一再作揖说好话,那乞丐才笑着走了。这是第三次考验。

第四次,吕洞宾在山中放羊,突然跑出一只大老虎,追逐着羊群。吕洞宾一见,心中不忍,忙挡在羊群前面,情愿自己饲虎也要救羊,那虎却放过了他和羊群。

第五次,吕洞宾独居于山中茅草棚中读书,突然一位女子敲门,年纪大约十七八岁,长得十分漂亮,她自称是回娘家去,天色已晚,路途遥远,要借宿一晚,洞宾便让她进屋休息。谁知这女子半夜里不安分起来,百般勾搭洞宾,洞宾心如止水,丝毫不为情欲所动。

第六次,吕洞宾出外郊游,他回家后发现,家中遭了盗窃,值钱的东西被席卷一空,眼前的日常生活都无法维持。吕洞宾不气不恼,拿起药锄,采药度日。谁知一锄下去,挖出几十块金子,他急忙将土掩上,一块未取。

第七次,这一日,吕洞宾到街上买了几件铜器,拿回家一看,却是金器,他急忙找到原来的店家将金器退回。

有位疯疯癫癫的道士在集市上卖药,说道:"吃了我的药,立即会死去,但下一辈子却能得道。"这药没人敢买,所以10多天都没人去光顾。吕洞宾却深信不疑,买回药吃下去,幸而一切无恙。这是第八次考验。

春天来临,春水涨起,吕洞宾摇一叶小舟在江上慢行。船到江中央时突然刮起大风,一时波涛汹涌,险象环生。洞宾已看破生死,哪里还惧怕这些,仍是端坐船头,任它飘摇。一会儿风平浪静,他没有丝毫损伤。这是第九次考验了。

有一日,吕洞宾独坐家中,忽然见无数奇形怪状的鬼神跑来,有想抓他的,也有想杀他的,洞宾毫不畏惧。过了一会儿,只见几十个夜叉,押着个血肉模糊的囚犯,那人口中大叫道:"我是被你上辈子杀害的,快点偿我命来!"吕洞宾答道:"杀人偿命,又有什么好推辞的。"便拿出刀子、绳索,准备抵偿命债,忽听空中大喝一声,鬼神、囚徒一下不见了,一人鼓掌而下,原来是钟离权。

钟离权对吕洞宾说道:"尘心难灭,仙才难得,我寻求徒弟的迫切心情胜于别人求我。现在10次考验你,你都能经受得住,以后得道,是必定无疑了。只是你功德善行都没能完满,现在且传授你点铁成金、成银的黄白之术,你可以用它来救济世人,造福众生,待3 000功德完满,800善行圆备,我再来度你成仙。"洞宾问道:"用黄白之术化成的黄金、白银以后还会有变异么?"他答道:"3 000年后,仍要还复本质。"洞宾道:"这样看来,此物会贻误3 000年后的人,我可不愿干。"钟离权呵呵笑道:"就凭你这善心,3 000、800都已在里边了。"于是钟离权收吕洞宾为徒,洞宾经师父指点,勤勉修行,终于羽化成仙。

八仙战花龙

八仙要到东海去游蓬莱岛,本来腾云驾雾一眨眼就可以到,可是吕洞宾偏偏别出心裁,提出要乘船过海,观赏海景。他拿来铁拐李的拐杖,往海里一抛,喝声:"变。"顿时变成一艘宽敞、漂亮的大龙船,8位大仙坐船观景,喝酒斗歌,好不热闹,谁料因此惹出一场麻烦来。原来,龙宫里有条花鳞恶龙,是龙王的第 7 个儿子,被称为"花龙太子"。这天,他闲着没事,在水晶宫外游荡,忽闻海面上有仙乐之声,便循声而去,猛见一条雕花龙船,内坐 8 位奇形怪状的大仙,其中有个妙龄女郎,桃脸杏腮,楚楚动人。花龙太子见此仙姿,魂魄俱消,早忘了师傅南极仙翁的忠告,忘了龙王、龙母的训导,竟迷上何仙姑了。平静的海面突然掀起一个浪头,将大龙船打翻了。铁拐李失了拐杖,幸亏抱着个葫芦;汉钟离打开蒲扇垫在脚底;张果老眼尖,翻身爬上毛驴背;蓝采和攀住了花篮边;韩湘子放下仙笛当坐骑;曹国舅心细,脚踏笏板浪里漂;只有吕洞宾,毫无戒备,弄了个浑身湿透。

原来是花龙太子要把何仙姑抢到龙宫里去,花龙太子催动虾兵蟹将,掀起漫海大潮,向七仙涌来。汉钟离挺着大肚子,飘飘然降落潮头,轻轻扇动蒲扇。只听呼的一声,一阵狂风把万丈高的虾兵蟹将都扇到九霄云外去了,吓得四大天王连忙关了南天门。花龙太子见汉钟离破了它的阵势,忙把脸一抹,喝声:"变。"海里突然蹿出一头巨鲸,张开闸门似的大口来吞汉钟离。

只见铁拐李向海中一招手,它的那根拐杖唰一下蹿出海面。铁拐李拿在手中,一杖打下去,不料打在一堆软肉上。原来,海礁已变成一只大章鱼,拐杖被章鱼的手脚缠住了,要不是蓝采和的花篮罩下来,铁拐李早被章鱼吸到肚皮里去了。原来这巨鲸和章鱼都是花龙太子变的。这时,花龙见花篮当头罩来,慌忙化作一条海蛇,向东逃窜。张果老拍手叫驴,毛驴撒蹄追赶,眼看就要追上,不料毛驴被蟹精咬住蹄子,一声嘶叫把张果老抛下驴背,幸亏曹国舅眼明手快,救起张果老,打死了蟹精。最终,他们顺利过了东海。

麻
姑
篇

麻姑传奇

终南山欢乐谷有个麻姑洞,相传,麻姑就是在这里修成正果得道成仙的。

在道教神仙中,有两位增寿的神仙,一个是南极仙翁,另一个就是麻姑。她的地位仅次于九天玄女和西王母。在中国民间她可算是一个妇孺皆知的人物,有关她的故事颇多,在这里我就讲讲她成仙和献寿的故事吧。

麻姑成仙

相传,麻姑是建昌人,她待人热情大方,且心灵手巧,是村里出了名的乖巧女子,虽然说自小就没了母亲,但她经常把家里内外拾掇得非常整洁。在她十二三岁时,父亲续弦娶了东村马氏,马氏是个悍妇,自从进门后,把麻姑看成是眼中钉,肉中刺,丈夫不在家时,变着法儿整治她。白天叫麻姑到村外山坡上去背柴,晚上让麻姑到麻地去熬眼搓麻纺线,每天夜里还给她定了数量,若是完成不了就不许睡觉。尽管四两半斤往上添,但麻姑每晚还是如数交上。继母马氏心里起疑,夜半之时悄悄到麻地去看,只见麻姑在麻地中端坐,双手合十,眼睛微闭,口中喃喃自语,每棵麻根分麻捻,不一会儿就成了线穗蛋,惊得马氏一下子跌坐在麻地里。

自从那晚麻地偷看后,继母马氏更加恨麻姑了,虽然说表面上和气了点,但心里又生出坏水水来。她私下把麻姑许给了镇上一位老财主做填房。麻姑还全不知晓,迎亲的花轿到门前时,她被人强行塞进了花轿,路过麻地时,她谎称到麻地里方便一下,轿夫信以为真,就停下了花轿,麻姑下轿进麻地,就不见了踪影。

麻姑进麻地咋就不见了踪影？这话还得从继母马氏逼麻姑晚上熬夜纺麻说起。麻姑夜里到麻地里去纺麻，如歌如泣的纺车声传到了天宫，被七仙女听到了，七仙女到麻地一看，见麻姑凄惨的样子甚是怜爱，于是，她们每晚下凡来帮麻姑搓麻纺穗蛋。七仙女给了麻姑一炷神香，告知她，要是有事就把那支神香点燃，她们就会来帮忙。麻姑下轿假意进麻地里方便，一到麻地，麻姑就忙把那支神香点燃，片刻，七仙女飘然而至，麻姑忙跪下求救，七仙女让麻姑闭上眼，七仙女拉上麻姑化作一股清风离去。

待麻姑睁开眼时已到终南山前，七仙女告诉麻姑说："今日甚好，太上老君正在说经台上歇息，你从这里上台求他给你指点迷津就是了。"言毕，七仙女飘然而去。麻姑按七仙女指点的路线一路上山。太上老君早就算到麻姑今日到来，让童子在门前恭迎，麻姑一到门前，童子就带麻姑上台拜见太上老君。太上老君从葫芦里倒出一粒仙丹交与麻姑，让她用阿姑泉水将仙丹服下。于是，麻姑辞别太上老君，一路到阿姑泉，用泉水将仙丹服下，顿觉周身清爽，精气神十足，一路欢歌，到欢乐谷修道。3年后，麻姑在此修成正果，羽化成仙。麻姑升仙后，又来到说经台，太上老君授以攘除灾厄之法，能掷米成丹。从此，麻姑游走四方，多行善事，为穷苦乡亲除病消灾，频赐丰年。唐玄宗时，敕命天下广建麻姑神庙，纪念这位为民除病消灾的仙姑。

麻姑献寿

玉皇大帝见南极仙翁待人诚实忠厚，就宣他到凌霄宝殿，封他为寿星，把终南山给他做道场。

仙翁来到终南山巡视道场，发现山顶上竟然长着一株千年灵芝，这株灵芝生于千仞高山之上，汲取了日月精华，蓄聚了天地之

麻姑篇

气,已经成了无价之宝,闻闻味儿都能益寿延年。

仙翁得了宝贝喜不自胜,收了一只仙鹤一只梅花鹿,点化它们变成了两个仙童,带着他们一边护侍灵芝,一边炼仙丹种仙桃。寿星想起母亲怀胎辛苦,先给母亲增了 10 年寿命,再想起父亲供养一家人更是不容易,给父亲增了 20 年寿命。

仙翁给父母增寿的事儿传到了天上,王母娘娘听了不高兴,找玉皇大帝争辩,说天下大事都由男人做主也就罢了,寿命长短总该男女平等,单让男人做寿星难免偏心,起码也该封个女寿星。玉皇大帝说不过她,只得同意由王母娘娘再选一个女寿星。

王母娘娘争得了面子,回去却又犯了难,因为增寿是有定数的,男人多增了女人便要少增,可女人生性柔弱,计较起来只怕争不过男寿星,所以一定要选一个敢作敢为的女强人,王母娘娘召见了许多女仙,却没有中意的,眼看到了三月初三,这件事也就搁置了下来。

三月初三是王母娘娘的寿诞,照例要在瑶池大宴群仙,于是忙着备酒宴发请柬,各路神仙接到邀请,也都忙着搜罗奇珍异宝当作寿礼。

却说女仙麻姑也收到了请柬,麻姑本是贫女出身,自幼练就了一身好武艺,她最恨地主恶霸欺侮贫妇弱女,到处替她们打抱不平,整天忙于这些事竟忘了给王母娘娘准备寿礼,眼看事到临头却还是两手空空,这麻姑从来都是争强好胜,在寿礼上也不愿意被别人比下去,她马上驾起云遍寻天下,想找件稀罕物来一鸣惊人。

那天,麻姑路过终南山,很远就看到山顶上彩云飘飘瑞气氤氲,她知道此山乃是寿星修炼之处,其中必有宝物,降下云头细看,果然是一株紫红色的千年灵芝,这瑞气正是灵芝的宝光。

麻姑大喜,刚要伸手去摘,耳边突然一声大喝:"何方妖孽敢来偷盗宝贝？"鹤、鹿二童子随声现身，手持宝剑护住了灵芝，麻姑哪里把两个童子看在眼里，拔剑便和两个童子斗在了一起。

鹤、鹿二童子不久前才被寿星点化成仙，论本事当然不是麻姑的对手，可这两个童子鬼心眼儿多，他们看出麻姑只为了抢夺灵芝，剑法凌厉却不伤人，于是一个护住灵芝，一个跟麻姑缠斗，这个斗累了那个上来，车轮般地缠住不放，麻姑左冲右突无机可乘，明知这样下去白费工夫，只好虚刺一剑化作清风而去。

麻姑隐在云中不停地徘徊，急着想办法夺取灵芝，否则寿星闻讯赶来就麻烦了。她一想到寿星忽然有了主意："若想不伤童子只能智取，今天只好做一回骗子了。"于是摇身变成了寿星模样，驾起祥云落在了山头。

两个童子见主人赶到急忙表功，假寿星听了连连夸奖，摘下杖头挂的葫芦赏赐两个童子，童子只知道葫芦里是长寿仙酒，你一口我两口地抢着喝起来，哪知酒里被麻姑放进了醉仙草，几口下去便醉倒在地，麻姑咯咯大笑，摘下灵芝飘然而去。

仙翁精心保护着这株千年灵芝，就是为了在王母娘娘寿宴上压倒群仙，为此派了鹤、鹿二童子昼夜看守。这天他忽觉心神不定，急忙赶到山顶看时，只见两个童子醉成了一堆儿，灵芝早就没了踪影。

仙翁拿出仙药救醒了童子，才知道他们是受了骗，可他们初登仙界，谁也不认得那个女仙是谁。仙翁气得发晕，废了两个童子的仙身，将他们变回梅花鹿和仙鹤，梅花鹿给他当了坐骑，仙鹤给他捎书传信。

转眼到了三月初三，王母娘娘大开寿筵，各路神仙齐聚瑶池给王母娘娘祝寿，他们各显神通，奇珍异宝琳琅满目，仙翁丢了灵芝，只好摘了一个仙桃做寿礼，王母娘娘见玉帝封的寿星竟献上这种平常的东西，冷着脸连眼皮都没抬，哼了一声，羞得南极仙翁涨红着脸，低垂着头，只想找个地缝儿赶忙钻进去。

这时，麻姑得意洋洋地献出灵芝，瑶池里顿时香气四溢，各路神仙看得眼睛都直了，仙翁一见又惊又气，上前扯住麻姑说："原来是你盗了我的灵芝！"说着就要抢夺，王母娘娘急忙喝住仙翁问其原由，仙翁满腹委屈地讲了事情的经过，他怕王母娘娘不信，还叫来鹤、鹿为自己作证，定要王母娘娘还他一个公道。

仙翁本以为麻姑会低头认罪，哪知麻姑早有准备，一口咬定灵芝是她拿仙酒跟鹤、鹿二童子换来的，仙翁怒斥麻姑撒谎，麻姑笑道："如果不是他们私换灵芝，你为什么废了他们的仙身？"众神仙听着有理，也都随声附和，仙翁本来就嘴笨，越急越说不清楚，麻姑伶牙俐齿，反说仙翁娇惯童子咎由自取，气得仙翁捶胸顿足。

王母娘娘越听越高兴，暗喜终于找到了女寿星的人选，于是一味偏袒麻姑，判定仙翁无理，当场封麻姑为女寿星。

仙翁有苦难言，满腹冤屈直冲头顶，他脑袋本来挺小，这一气竟越涨越大，连脑门上都鼓起了一个大肉球，这可把王母娘娘逗乐了："你的脑袋本来不该那么小，只怪你胡言乱语提前出世，现在的样子才像个寿星！"一句笑话就是仙旨，从此肉球就成了寿星的专利。

麻姑给仙翁来了个下马威，仙翁只好处处退让，麻姑上任以后，处处抢上风，天下的女人们也就跟着沾了光……

从此，"麻姑献寿"就成了一段佳话，在那些讲究古风的地方，到了做寿的时候，男人们供奉的是怀抱仙桃的南极仙翁，女人们供奉的是手拈灵芝的麻姑。

药王篇

药王其人

孙思邈(公元581年－682年)，唐代著名医药学家，被人称为"药王"。京兆华原(今陕西耀县)人。少时因病学医，后终成一代大师，其博涉经史百家，兼通佛典。

他对古典医学有深刻的研究，对民间验方十分重视，一生致力于医学临床研究，对内、外、妇、儿、五官、针灸各科都很精通，有24项成果开创了我国医药学史上的先河，特别是论述医德思想、倡导妇科、儿科、针灸穴位等都是先人未有。一生致力于药物研究，曾上峨嵋山、终南山，下江州，隐居太白山等地，边行医边采集中药，边临床试验，他是继张仲景之后中国第一个全面系统研究中医药的先驱者，为祖国的中医发展作了很大贡献。

孙思邈医德高尚，他认为医生须以解除病人痛苦为唯一职责，其他则"无欲无求"，对病人一视同仁皆如至尊。他身体力行，一心赴救，不慕名利，用毕生精力实现了自己的医德思想，是我国医德思想的创始人，中国古代当之无愧的著名科学家和思想家。孙思邈一生淡泊名利，多次推却做官召请。唐太宗欲授其官职，唐高宗欲拜谏议大夫，他都固辞不受，一心致力于医学。

孙思邈一生勤于著书，晚年隐居于陕西耀县五台山(药王山)专心立著，直至白首之年也未曾释卷。一生著书80多种，其中以《千金要方》《千金翼方》影响最大，两部巨著60卷，药方论6 500首。它是唐代以前医药学成就的系统总结，被誉为我国最早的一部临床医学百科全书,对后世医学的发展影响深远。

孙思邈是中华医学发展先河中一颗璀璨夺目的明星,在中外医学史上留下了不可磨灭的功迹,千余年来一直受到人们的高度评价。唐太宗李世民赞孙思邈"凿开径路,名魁大医。羽翼三圣,调和四时。降龙伏虎,拯衰救危。巍巍堂堂,百代之师。"宋徽宗敕封他为"妙应真人",被后世尊称为"药王"。

北周大成元年(公元 579 年),因王室多故,乃隐居太白山(在今陕西眉县)学道,炼气、养形,究养生长寿之术。及周静帝即位,杨坚辅政时,征为国子博士,称疾不就。

隋朝时,游蜀中峨眉。隋亡,隐于终南山,与高僧道宣相友善。

唐太宗李世民即位,召至京师,以其"有道",授予官位,固辞不受,再入峨眉炼"太一神精丹"。

唐显庆三年(公元 658 年),唐高宗又征召至京,居于鄱阳公主废府。

翌年,高宗召见,拜谏议大夫,仍固辞不受。

唐咸亨四年(公元 673 年),高宗患疾,令其随御。

唐上元元年(公元 674 年),辞疾还山,高宗赐良马,假鄱阳公主邑司以属之。

唐永淳元年(公元 682 年)卒,遗令薄葬,不藏明器,祭去牲牢。

宋徽宗崇宁二年(公元 1103 年),追封为"妙应真人"。

医学贡献

孙思邈一生刻苦钻研,他将唐以前流传下来的各种药方及自己行医的验方收集起来著成了闻名于世的医学宝典《千金要方》。

孙思邈所著的《千金要方》30卷,内容极为丰富,分医学总论、妇人、少小、婴孺、七窍、诸风、脚气、伤寒、内脏、痈疽、解毒、备急诸方、食治、平脉、针灸等,共计233门,方论5 300首。其中,该书还首创复方的先例,这是他对医学的重大建树,也是医学史上的重大革新。

《千金翼方》是孙思邈对《千金要方》的补编书。此书共30卷,其中他将唐代以前本草书中没有记载的800余种药物,进行了考证和实践,并补充了很多方剂和治疗方法。《千金翼方》和《千金要方》是唐以前医药成就最全面、最有价值的系统总结。

《历代名医图赞》称道:"唐孙真人,方药绝伦,扶危拯弱,应效如神。"宋代郭思高度评价《千金要方》时说:"世皆知此书为医经之宝。"清代医学家徐大椿说:"用意之奇,用药之妙,亦自成一家,有不可磨灭之处。"

随着盛唐文化的对外交流,《千金要方》也随之走向国外,深深影响了诸如日本、韩国、朝鲜的中医文化。

此外,孙思邈还有许多独特的贡献,如对脚气病的观察、研究及治疗,比欧洲于公元1642年开始研究脚气病早了整整1 000年。

在炼丹方面,孙思邈总结了唐以前的炼丹方法、用药及配方等,对我国"火药"的发明作出了巨大贡献。

主要贡献

药王孙思邈对我国医药学的贡献:

1. 医学巨著《千金要方》是我国历史上第一部临床医学百科全书,被誉为"人类之至宝";

2. 第一个完整论述医德的人;

3. 第一个倡导建立妇科、儿科的人;

4. 第一个麻风病专家;

5. 第一个发明手指比量取穴法;

6. 第一个创绘彩色《明堂三人图》;

7. 第一个创立"阿是穴";

8. 第一个扩大奇穴,选编针灸验方;

9. 第一个提出复方治病;

10. 第一个提出多样化用药外治牙病;

11. 第一个提出用草药喂牛,而使用其牛奶治病的人;

12. 第一个提出"针灸会用,针药兼用"和预防"保健灸法";

13. 系统、全面、具体论述药物种植、采集、收藏的第一人;

14. 首创地黄炮制和巴豆去毒炮制方法;

15. 最早使用动物肝治眼病,现在证实肝富含维生素A;

16. 第一个治疗脚气病并最早用榖树皮煎汤煮粥食用,预防脚气病

药
王
篇

和脚气病的复发,比欧洲人早 1 000 年,现在证实榖树皮中富含维生素 B;

17.首创以砷剂(雄黄等)治疗疟疾病,比英国人用砒霜制成的孚勒氏早 1 000 年;

18.第一个提出"防重于治"的医疗思想;

19.是我国历史上第一位深入民间,向群众和同行虚心学习、收集校验秘方的医生。

雨夜医白龙

孙思邈青年时代行医四方,传说曾为朝廷御医。唐上元元年(公元 674 年)他因四处收集资料的事情已完成,遂告老还乡,回到原籍陕西耀县磐玉山(现药王山)隐居。但隐居后仍然坚持攀崖采摘、辨识草药,或者为人治病,余暇则研习中医文献,编写撰述自己的大作。

有一天深夜,雷声隆隆,暴雨随之似瓢泼。孙思邈修筑在高山悬崖下的茅屋木门竟在此时被人敲响,当时孙思邈正奋笔疾书,只得停下笔来,静听辨识了一会儿,果然是有人在不断地敲着门。

"如此暴雨,深更半夜,难道还有求医之人不成?"孙思邈心里想着,急忙走过去打开门来。只见门口站着一位白衣男子,当时天空雷鸣电闪,暴雨如注,奇怪的是这位男子竟然衣服滴水未沾,但是他脸色一片赤红,仿佛憋着一口闷气已有许久。孙思邈就说:"是你要找我看病吗?"这白衣男子急忙点点头,孙思邈便让他进屋坐下切脉，他心中犯了嘀咕："这脉不浮不沉，不虚不涩，非人类之脉啊？"他皱眉摇头，百思不得其解。忽的天空中一道闪电照进屋来，那雨早就停了，孙思邈的心随着这道闪电豁然开朗。便沉心静气观察了一番，说道："你非人类吧？"白衣男子一愣，随即镇静下来说："何以见得？""人类之脉，医书脉典载得明白，我一向行医岂能不知？这些就不必细说了。你这脉象实在奇怪，起如腾云驾雾，落如翻江倒海，这怎么是人类之脉象呢？"孙真人双眼紧盯着白衣男子。白衣男子一点儿也不生气，问道："那么真人能断定我的身份吗？"孙思邈微微一笑："你来则有电闪雷鸣、狂风暴雨相助，静则风雷电全息；你的衣服在暴雨中丝毫不湿，加之你的脉象无不显示特异属性。若我猜得无误，你定是水府之尊龙吧？"这白衣男子听了连连点头，佩服得五体投地。连称："难怪您的大名天上、地下无所不知，真是盛名之下，其名不虚！"说完急忙介绍自己的病症，"数日之前，我因一时饿得急了，饮食匆匆，不知什么物件一下堵塞了我的食道。于是连日来只能喝些稀汤以维持生命。"听了化形为白衣男子的神龙如此诉说，孙思邈略微思索了一会儿，就说："你的病我能治好，但你必须听我的话。俗话说：'良药苦口，医人手狠。'今天可不能由着你自己的性子。岐黄之道，旨在利物救命，痛苦时要能忍耐。"随即唤过家僮，如此如此交待他去准备汤药，又径入内室将一切医用之物拢入袖口之中。

不一会儿，家僮提着一桶汤药放在白衣男子座前。孙思邈即督促他尽快饮服，中间不可停息，否则此病难治。这神龙所化白衣男子一听急忙捧起桶来，仰首闭气咕咚咕咚地饮服起来。本来他那喉头堵着，饮食极困难，但此时竟然毫无阻碍地一口气就将那一桶汤药给灌入了肚中。这肚中咕嘟嘟一阵翻腾，那喉头又觉忍耐不住，立即低下头来，冲着那桶吐个不止。当那白衣男子惊疑地看到在那吐出的秽物中竟有一条长蛇混杂其中时，他由衷地赞到："真人灵丹妙药，确实手到病除！"孙思邈哈哈大笑道："什么灵丹妙药，只不过一桶醋拌蒜泥而已，酸辣交加，那蛇自然待不住了。"他停了停，接着说，"你病根虽除，元气未服，我再为你扎上一针，即可一劳永逸。"那白衣男子听了连声称好。孙思邈便走到白衣男子的背后，取出一支尺余长的金针，对准他那顶心偏后的位置猛地扎下去。那白衣男子一声惨叫便化出原形，它是一条银光鳞鳞如水桶粗的巨龙，软瘫盘结在地上动也不能动一下。那银灯似的一对大眼，定定地瞅着孙思邈。孙思邈说："我金针拔下，你即腾身向屋内石壁猛蹿。如能穿此石壁，腾身云中，你的元气也就真正恢复了。"说话间就伸手拔下那龙身上的金针，喝道："快穿石壁！"那白龙扭动身姿即向那石壁蹿去，很快在那石壁上没入身形，霎时那石壁上就留下了一个宽阔、幽深的巨洞。

不一会儿，空中传来白衣男子的声音："真人德加异类，为神仙之榜样。我即返还府中，防涝救旱，永为人类服务！"孙思邈打开门来，只见空中一道闪电，白龙身形在云际中晃，没入那茫茫的天空之中。

猛虎求药王

为白龙治病不久,孙思邈又一次下山向民众施药义诊。返回时,忽见那灌木丛中猛地蹿出一只吊睛白额的猛虎。尽管他已超然物外,对生与死都看得很平淡,但猛然出现这种情况,他的那颗心便提到了嗓子眼上。那猛虎也仿佛知道孙思邈的心思,到距离孙思邈三尺远处,即收拢两只前爪,趴伏于地,似在模仿人叩首。

孙思邈觉得奇怪,心中暗想:"难道这山大王要求我治病不成?"于是问道:"你这老虎,难道身上有什么病要求我治疗吗?"只见那老虎将头在地上连叩三下。这孙思邈心中犯了嘀咕:"前番治白龙,今日来兽王。白龙是神灵,这兽王可是残忍之类啊!所谓虎、狼人人均愿手刃之而后快,我岂能救之以助纣为虐?"忙说道:"我生平有三不治:恶棍不治;妖邪不治;残害人类者不治。你是山中凶兽,我为你治好病,不就是帮助你去害人吗?"说完即昂首挺胸向前走,那虎紧跟着他,用嘴轻咬他的衣角,口中呜呜有声,眼中竟有泪水哗哗流下。孙思邈是修道之人,慈悲无量,见这虎伤感落泪,心中不忍。即止步说道:"你定要我为你治病亦可,但要保证今后决不伤生害命!"那虎即放下他的衣角,像羊一样趴伏在地上,点头应许。孙思邈又说:"人类亦多有言而无信者,为防你亦有此毛病,你每天均需要到我面前张嘴让我检查你的牙龄!"那虎亦点头应许。

孙思邈为老虎治好了病,这虎也真重情谊,每天跟在他的身前身后保护他。孙思邈进山采药,老虎为他背药篓,衔药锄;出诊时为他当坐骑，衔药箱，成了孙思邈的忠实护卫兼僮仆。

这样又来了麻烦，因为虎是猛兽，谁都不敢再靠近，这给孙思邈治病救人带来许多不便。于是孙思邈想了个办法，他对老虎说："你这老虎不吃人，但恶名在外啊！"说着拍拍那虎头哈哈地笑了，"这样吧，你每次将我送到一个村庄之后，就不要跟在我身后了，病人服了药后，我让他们将药渣倒在村口，你就在那儿等我吧。"

于是，后来就形成了一个民俗，直至今日，病人吃完中药都将药渣倒在路口，这是为方便神虎寻找药王孙思邈。

药王为虎治病另有一说：

相传，孙思邈有一头毛驴，他平时进山采药或到远处为群众治病时，就让这头毛驴为他驮载药囊等，他走乏了就骑上毛驴。他非常喜欢这头毛驴，一时都离不了它。

有一年夏天，孙思邈同他的徒弟赶着毛驴到离家乡不远的五台山去采集药材。他们来到一处山谷口，发现药材很多，就将毛驴拴在树上，然后走进山谷采药材去了。

他们走了不一会儿，忽然一只猛虎大叫一声，从树林里跑了出来，直扑向毛驴，它用两只前爪将毛驴压倒在地，张开血盆大口，吃掉了这头毛驴。

当孙思邈和他的徒弟闻声赶来时，老虎已经跑得无影无踪了，只见地上血肉模糊，只剩下一大堆横七竖八的驴骨头。这头毛驴被虎吃掉了，采集的药材如何运回去呢？今后采药、出诊又该怎么办呢？孙思邈看到这情景，非常生气。

说来奇怪，那只吃了毛驴的老虎走了没多大工夫，又慢慢地走了回来。它站在孙思邈的面前，垂下了头，眼中流露出哀求的神色，口角流着鲜血，温顺的简直就像只猫。

孙思邈详细观察了一会儿，看出这只老虎已经有了伤病，是前来找他治疗的。这只老虎吃掉了他的毛驴，孙思邈很生气，便不理睬它，转过身向远处走去。可是这只老虎也跟着他走，眼里流着泪水，看样子喉咙疼得实在难以忍受了。

孙思邈看见老虎有悔过的样子，便叫徒弟去看看虎口里有什么毛病。徒弟走到老虎跟前，将医铃放入虎口，把虎嘴撑开，定睛一看，原来一根骨签扎在了老虎的喉壁上，鲜血不停地往外流着。孙思邈从铃口伸进去一只手，很快就把那根骨签取了出来。

老虎的病治好以后，孙思邈就指着老虎训斥道："你这个作恶多端的野兽，吃掉了我的毛驴，被骨签伤了喉咙，乃是自作自受。我本不愿给你医治，但见你疼痛难忍，且有悔过之意才给你拔了那骨签，你现在快走吧！"

老虎走了不远又来到孙思邈的面前卧了下来，做出让孙思邈乘骑的姿势。此后，这只老虎便成了药王孙思邈的坐骑。

施针救两命

有一天清早，孙思邈要到远处的一个村子去出诊。当他从村口经过的时候，忽然看见路上有断断续续的血点。他边走边说："是谁一清早受了伤，血流得这么严重？"这时，从前边走来一个老人，孙思邈急忙问道："大哥，你看地上，这是谁受了伤，血怎么流成这个样子？"

"我刚从前边过来，看见几个人抬着用几块木板简单钉成的棺材去埋死人，那个棺材缝里不断地向外流血点，这路上的血肯定就是从那个棺材里的死人身上流出来的。"

孙思邈一听是从棺材里死人身上流出来的血，不由得认真思考起来。他想："人死了，血为什么还是这样的鲜红？"根据他自己多年行医的经验判断，这个人可能还没有死。救人之心驱使着他，使他不能再犹豫了，他便立即加大了步伐，急急忙忙地向前赶去。

孙思邈上气不接下气地走了500多米路，来到了墓地。这时候，埋人的人群已经挖好了墓坑，正把棺材往墓坑里放。他大声喊道："停一下，停一下！棺材里边是什么人，是怎么死的，死了多长时间了？"

墓坑旁边站着一个十分悲痛的年轻人，他见有人来问死者的情况，便伤心地说："这死者是我的妻子，她前半夜生孩子，第一胎遇到难产，到后半夜孩子还没有生下来就……你问这些干什么？"

"从滴到大路上的鲜血来看，显然不像死人的血，你让大家把棺材放在一边，让我打开棺盖看看，或许她还有救。"孙思邈向那年轻人说了自己的看法。

人已死了这么长时间了，怎么还能救活呢？大家都不相信他的话，执意把棺材放进墓坑里，并拿锨准备向坑内填土了。在这抢救人命的紧急时刻，孙思邈再三向那位年轻人和其他人陈述自己的看法和道理，说服大家最好试一试。大家这才停了下来，抱着看稀奇的态度让他试试。

他们在墓坑里撬开了棺盖，孙思邈跳下去一看，只见里面那位青年妇女约20多岁，脸色蜡黄，没有一点血色，面容十分痛苦、可怕。孙思邈急忙伸手去摸她的脉搏，果然不出所料，青年妇女的脉搏还在微弱地跳动着。孙思邈很快从药包里取出了几根银针，在她的身上选好穴位，急忙进行针灸。后又取出了一些药末，给她灌进嘴里。这时，大家都站在墓坑上边，用怀疑的眼光静静地看着，等待着。

大约有吸一锅烟的工夫，只见那位年轻妇女身子动弹了几下，就生下一个婴儿。在婴儿的啼哭声中，产妇也慢慢地睁开了眼睛。这时，大家才松了一口气，都称赞孙思邈是神医下凡，有起死回生的本领。产妇的丈夫看见妻子不但活过来，还安全地生下了婴儿，很快由悲变喜，紧紧拉着孙思邈的手，好半天才说道："您救了我一家人的命啊，这恩情让我怎样报答？"孙思邈微笑着说："不必谢我了，赶快把产妇送回家去好好调养，过几天我再来给她看看。"说完便辞别了大家，给别村的一位危急病人诊治去了。

引线诊脉

唐朝贞观年间，唐太宗李世民的一位爱妃怀孕10多个月了，不但不能分娩，还得了重病，虽经宫廷太医的精心诊治，病情仍然不见好转。

一天，唐太宗对徐懋功说："爱卿可知哪里有名医能治好娘娘的病？"徐懋功说："臣闻京兆华原(今陕西省耀县)有一名医叫孙思邈，疑难杂症一经他手即可妙手回春。"太宗听后说："既有这样的名医，卿可派人速请他进宫，为娘娘除患，为朕解忧。"

徐懋功遵照太宗的吩咐，派人火速去请孙思邈。

孙思邈被召进宫中，唐太宗急忙让他给娘娘治病。由于受封建礼教男女授受不亲的限制，孙思邈难以直接望、闻、问、切。于是，他根据唐太宗和宫女们对娘娘病情的叙说，让宫女将一条丝线系在娘娘的右手中指上，隔着罗帐，捏着这条线为娘娘切脉。根据丝线的抖动，片刻工夫，孙思邈即对娘娘的疾病作出了诊断。然后，他向唐太宗禀告说："娘娘迟迟不娩，只需在左手中指上微刺一针即可，再吃几服汤药，娘娘的玉体就能康复。"

唐太宗欣然同意为娘娘施针，宫女们遵从孙思邈的吩咐，便将娘娘的左手扶出帐外。孙思邈手持银针，在娘娘的中指上迅速刺拨。用针后不久，娘娘果真顺利分娩了。随后，孙思邈又为娘娘开了药方。娘娘服药后，精神日渐好转。不多日，居然能下床走动了。

娘娘身体康复了，唐太宗龙颜大悦。一日，群臣朝贺，唐太宗将孙思邈宣上金殿，命他执掌太医院。但是，孙思邈立志为民治病，不愿在朝中做官，对唐太宗的任命婉言谢绝。唐太宗不好强留，便赏他黄金千两，绸缎百匹，金牌一面。临别时，太宗亲率文武百官，依依不舍地将孙思邈送出京城。

偶得鹿衔草

古时候,终南山上生长着苍松、翠柏、漆树、桑树、大叶女贞等高高矮矮的植物。在这茫茫的林海里还住着猴子、兔子、鹿、麝、獐子等动物。当然,山林深处也隐藏着老虎、豹子、黑熊、豺、狼等凶猛野兽。

这天,一位身裹兽皮的健壮猎人蹑手蹑脚地走进了山林。他瞪着一双机灵的眼睛四下探望,手中弓箭随时准备射穿猎物的身体。突然,从草丛中蹿出一只金钱豹,直扑猎人,猎人很快射出一箭,箭中豹耳,负伤的豹子更加疯狂了,一下子扑到猎人面前,猎人急忙扔掉弓,双手像钳子似的紧紧地卡住豹子的脖子。但这只身强力壮的豹子拼命地舞动双爪,虽未抓瞎猎人的双眼,却抓破了猎人的肩膀、胸部和手臂。猎人大吼一声,拼出全身的力气猛卡豹子的颈部,豹子蹬腿身亡,猎人也身负重伤,昏倒在地。等他醒过来时,觉得身体很疼痛,低头一看前胸,皮肉开裂,鲜血直流,肩头也有阵阵钻心般的疼痛,他摸出自带的金创药敷在伤口上,但伤口太多,太深,金创药止不住血,也止不住痛。他心想:"今天恐怕要与这豹子同归于尽了。"他不甘心就这么死去,他痛苦地呻吟着,那声音很低,好像一只失群的幼鹿在呼唤它的母亲快来救援一般。

不一会儿,一只年轻的母鹿出现了,它匆匆赶来,要找回自己丢失的孩子。可是它赶到幼鹿呼唤声的地方后,怎么也找不见自己的孩子,它昂起头来惊讶地回顾寻觅……

这时，猎人早已拿出自己的弓，并搭上了箭在草丛中暗暗地瞄准了母鹿的颈部，他在心中祈祷："箭呀箭，再莫误我，一箭射死此鹿，让我用热鹿血救自己一命。"他使劲拉开了弓，肩臂的伤钻心地疼痛，他紧咬着牙拉弓，手微微地颤动着，只听嗖的一声，母鹿惨叫着倒在地上，猎人也因用力过猛昏死过去。

过了一会儿，母鹿见无动静，便悄悄抬起了头。原来因猎人手臂受伤颤动，箭未能射中母鹿的要害，仅射中了它的右前腿。只见它用嘴在草丛中翻动、寻找。不一会儿，咬断了几棵开着黄色小花的野草，放到腿边，再用嘴咬住箭杆使劲往出拔。箭被它从腿上拔出来后，母鹿嚼碎了那几棵开着黄色小花的野草，将它敷在自己的伤口上，伤口上的血被止住了，它又在草丛中找到几棵开着黄花的野草含在口中咀嚼……

这时，猎人再次苏醒过来，他发现那母鹿没死，急忙对准母鹿的头拼命拉开了弓，他想："这次一箭射去，母鹿准死无疑。"当他正要放箭时，手臂被谁从后面拨开了，箭飞出去扎在一棵古松上。猎人一惊，回头一看，只见一位面容清瘦的采药老人，不由得发怒："你为什么拦我射鹿？""我要及时救你的命啊。"采药老人和蔼地说。"你是谁？""我是孙思邈。""您是药王！可草药已治不了我身上的伤了，您为什么阻拦我杀鹿喝鹿血治伤？您说过救人一命等于施舍千金，为什么为救一只鹿而要我丧命？"

孙思邈并不辩解，轻轻地扶他躺下，然后快速奔到母鹿跟前。这时母鹿已慢慢地站立起来了，母鹿嘴里还衔着两棵开着黄色小花的野草。孙思邈走上前去一边抚摸鹿背，一面观察鹿的箭伤，又细看鹿嘴里的野草。母鹿善解人意似的伸过头来把口里衔的野草吐在孙思邈手中,然后昂头呦呦地叫了几声,扬起四蹄跑开了,不一会儿就隐没在树林深处。

孙思邈照着手中的草样子,在草丛中、树阴下又采集了一大把开着黄色小花的野草。孙思邈回到猎人身边,把野草放在自己口中嚼碎,敷在猎人的伤口上,伤口顿时就不疼了,他又让猎人吃了一些撕碎的草。不一会儿,猎人自己能站起来了,伤痛几乎全好了。他向孙思邈作了个揖,说:"真不知该怎样报答您的救命之恩,这只金钱豹送给您吧,豹肉、豹骨能做药治病,豹皮能做一床好褥子呢,请收下吧。"孙思邈摇摇手说:"使不得,使不得,你拼着性命猎的豹子,是养家糊口之物,我不能要。再说,救你的,不是我孙思邈!""不是您药王爷是谁?""是那只你要杀的母鹿,是它的草药救了你!"孙思邈说,"不少动物都认识几种治自己病的草药,比如地上的四脚蛇(蜥蜴)若被蛇咬伤了,自己就找一种名叫蛇根草的草药给自己解毒治伤。据说灵角龟之所以长寿,是因为它吃了人参和灵芝之故。所以,鹿认得疗伤的草药也就不奇怪了,我多年在深山老林中采药,也碰到过口衔着野草奔跑的鹿,可不知它衔的是什么草。今日方解此迷,又给人类增加了一味治伤的药啊,这应该感谢你啊,是你使我认识了这种草药。"孙思邈把一棵开黄色小花的草药递给猎人说:"记住这种鹿衔过的草药吧,你们猎人以后还能用上。"猎人接过草药,问道:"这草药叫什么名字呢?"孙思邈沉思了片刻说:"就叫鹿衔草吧!"

施救小青蛇

孙思邈从小就非常聪明,7岁开始上学,日诵千言。成年以后,学得满腹经纶,喜欢和一些文人谈论老庄学说,探讨其中的哲理。因为他从小就肯用功读书,博学多才,所以与人谈论起来头头是道,而且出口成章,因此,朋友们都非常敬仰他的才华。后来,他隐居终南山,炼气养神,求度世之术。他还通晓天文,尤其对医学更有精深的研究。为了研究医药学,他不放过每一个有利的机会。

有一次,他外出行医,在路上看见一个小孩,左手攥着一条小蛇,那条小蛇被他掐住七寸,身子抽缩得弯弯曲曲的,尾巴扑腾扑腾地乱甩。小孩的右手攥着一把尖利的小刀,正往蛇身上扎,血水溅得满地皆是。孙思邈看到这一情景,上前问道:"小公子,你为什么杀这条小蛇?"

小孩停住手中尖刀,抬头看了他一眼,学着大人的口气答道:"毒蛇伤人,留它何用?我要杀死它,为民除害。"

孙思邈观察了一下蛇头,含笑说道:"这是一条小水蛇,无毒无害,不会伤人的。小公子,你能不能把这条小蛇卖给我?"

"你买它干什么?"小孩歪着脑袋问。

孙思邈自我介绍道:"我是行医的,我想用自采的药给这条受伤的小蛇涂上,看看这种草药的药效怎样?"

听说是买小蛇做试验,小孩慷慨地答应道:"那好吧,就卖给你。"孙思邈伸手掏钱,一摸口袋,糟糕,忘了带钱。只好脱下身上穿的衣服,交给小孩换那小蛇。孙思邈小心翼翼地给小蛇涂裹上草药,然后把小蛇放在一个小笼里养着。未出三天,小蛇的刀伤愈合了,他便高兴地把它放回河里,那条小蛇向他摇了摇尾巴,咪溜一声潜入水中去了。

大约过了一个多月,孙思邈又一次骑马出游,途中遇见一位白衣少年。少年一见到他,便立即跳下马来,跪倒在地,再三拜谢。孙思邈端详了一会儿,他并不认得这个白衣少年。正想询问,又见白衣少年把马牵到他身边来,热情地说道:"请您骑上我的马,到我家中去作客吧! 孙思邈推辞不了,只好与他换乘坐骑,并肩同行。两匹马立即飞驰起来,一眨眼工夫,便来到了一座城。

进了城,马不停蹄,径直来到一家门口方才停下。孙思邈抬头一看,高大的门楼油漆一新,门上两个大铜环闪闪发亮,耀人眼目。从影壁墙一侧可以窥见院内花木正盛,回廊曲折,俨然一座王府。孙思邈心中想:"门庭如此显赫,具有这等气派,到底是一个什么人家呢?"一边想一边随白衣少年进了门。

刚一进院,就见一个美貌端庄,戴玉帽穿绛衣的人在许多侍从的簇拥下迎了出来,见到他就如同见到恩人一般,非常恭敬而高兴地说道:"前些时候,我的小儿子独自外出,遭到别人的伤害。承蒙恩人相救,给他治好了刀伤,实乃小儿的再生父母,不胜感激!今天备了一点水酒,让我的大儿子去接您来同饮一杯,聊表谢意。"孙思邈随着他进了后堂,又见一个女子领着一位青衣小儿走了出来,近前再三拜谢。一问,方知是白衣少年的弟弟。

孙思邈心想："我对他们并没有什么恩惠,这一家人为何对我如此盛情?"他反复思索了半天也没想出个所以然来,只记得一个多月前救过一条小青蛇。"难道这些人与那条小蛇有什么瓜葛?"他越想越感到奇怪。于是,便悄悄地向旁边的人打听:"这里是什么地方,主人是谁?"一问,才晓得此处是泾阳水府。

主人命人叫来乐师准备大摆酒宴,孙思邈以自己已经辟谷服气为理由推辞,只饮酒,不用饭茶。主人挽留他在水府连住了3天,并再三问他需要什么东西?孙思邈说:"我是修道行医之人,你们若有什么治病良方请告诉我,我就心满意足了。"

主人见他言辞恳切,便取出一些药方给他,说道:"先生如此厚道,令人钦佩!这是龙宫药方30个,送给恩人,以帮助您济世救人,请笑纳。"

孙思邈高兴地收下药方便向主人辞行,离开了水府。回来后,即用这些药方做试验。每次试用,都是药到病除,立显神效。经过多次应用,证明是世上难得的药方,便把它编入了《千金要方》中。从此,孙思邈依靠这些药方名扬四方,成了一个名医。

隋文帝听到了他的高超医术,便派人去请他,但他不愿进宫。到了唐朝时,唐高宗又下旨召他,他才去京城。唐高宗见他童颜鹤发,问他多大年龄了,他回答道:"已经99了。"唐高宗见他高寿且视听不衰,知道他是一个有道之人,名不虚传,令人尊敬,便要授给他官爵,却被他推辞了。唐高宗问道:"先生能如此长寿,请问是如何修身养性的?"孙思邈回答说:"天有盈虚,人有屯危。不自慎,不能济。故养性必先知自慎也。慎以畏为本。子畏则孝,你畏则慈,臣畏则勋立,群畏则政治。是以太上畏道,其次畏天,畏物、畏人、畏身。忧于身者不拘于人,慎于小者不惧于大,戒于近者不悔于远。如此则人道尽矣。"

至唐永淳元年(公元682年),孙思邈已经100多岁了。有一天早晨,他一起床就冲了个澡,沐浴后,把衣服穿得整整齐齐的,然后盘腿端坐,把子孙们都叫到跟前,说道:"我要到天宫去了,以后将与你们极少来往,望你们不要为非作歹,要多做些济世利民的事情。"说完便去世了。子孙们非常哀痛,在收殓时发现他的尸体竟轻飘飘的,好像只有一身空衣服,并无尸体一样。子孙们知道他已成仙,转悲为喜,决心遵照他的遗嘱,继承医业,济世利民,为人们多做好事。

巧医卢照邻

卢照邻,字升之,号幽忧子,幽州范阳(今河北涿州)人,是初唐著名诗人,与王勃、杨炯、骆宾王号称"初唐四杰"。

唐高宗咸亨四年(公元673年),卢照邻患了风痹病,这年他才37岁,寄居京城长安。

风痹病,也就是平常我们所说的痛风病,因虚火攻心,风邪侵入人体所致。主要症状是患者焦躁不安,全身关节疼痛难忍。当时卢照邻正值人生的黄金时期,然而此病折磨得他万念俱灰、痛不欲生。他遍请名医,精心调治,但却未见好转。当时,一代名医孙思邈也在京城长安居住,时年92岁,依然耳聪目明,思维清晰。在他人的引荐下,卢照邻前往孙思邈住处,行弟子礼,请孙思邈为其医病。

孙思邈深知卢照邻的为人,器小识短、刚愎自用、恃才傲物、浮躁狂妄。他一边细心为卢照邻诊脉,一边耐心开导。他语重心长地叮嘱卢照邻:"圣人活之以至德,辅之以人事,形体方有可愈之疾,天地有可消之灾。"用当今的话来说,就是做人首先要修身立德,要善于容人,这样做了,疾病便难以染身,即使有了疾病,稍经调治,也容易痊愈。为了引起卢照邻的足够重视,孙思邈又苦口婆心地从反面告诫道:"德行不至,纵服玉液金丹,亦难延寿。

孙思邈让卢照邻服用祛风、化湿、散寒的活血通络中草药剂,又从心理上予以疏导,让卢照邻不断排散久积于心的郁闷之气,和亲友和睦相处、坦诚相待。在孙思邈的精心调理下,卢照邻的病情得到了遏制,并有所好转。

卢照邻情绪稳定下来,不再狂躁不安,终于又有精力投入创作,写下了很多流传千古的好诗,为后代文学发展拓宽了道路。

收徒袁天罡

袁天罡是大唐国师,怎么又成了药王孙思邈的徒弟呢?这话还得从袁天罡和李淳风的来历说起……

唐朝时候,武当山有个李员外。他家很有钱,住的是前厅后楼,使唤伙计、丫环,吃不愁,喝不愁,穿的、戴的、用的都不愁。李员外一生喜欢看画。厅堂、客房、卧室都挂着画。那时候,武当山有个很出名的画师,李员外每年都请这位画师到府上,让画师给他画画。

李员外府上有一个十几岁的茶僮,名叫袁小。画师一到府上,就由袁小侍候。这袁小又聪明又机灵,十分惹人爱。他侍候画师周到细心,端茶、递水、盛饭、斟酒、铺床、叠被、抹桌子、捶背、搓腿,从头顶侍候到脚根,侍候得画师非常舒服。这样,一来二去,画师非常喜欢袁小,待他跟亲生儿子一样。这一年,画师又来给李员外画画。临走时,他对袁小说:"袁小呀,我年纪大了,画不了画了。我这一去,不会再来画画了。你侍候了我多年,我没啥东西谢你,只能送你这个,你带回房去才能打开。"

袁小接过礼物一摸,像是一个纸卷儿。他送画师走了,晚上回到伙计房里才将纸卷打开。一看,原来是一幅画。画上画着一个非常漂亮的姑娘。因为袁小是茶僮,李员外照顾他,给了他一个单独的小屋子住,没人打扰他。袁小尊重画师,就将这张画挂在了墙上。夜里,袁小睡醒了,只听墙上画纸哗啦啦响了一阵,画上那个姑娘轻轻地走下地来,来到床前,说:"袁小,我是天上的仙女,我和你有缘分,专门下凡来与你结为夫妻。"

袁小和仙女的事没敢让李员外知道,过了几天,袁小在员外府外面找到一间烂草棚,与仙女在烂草棚里成了亲。一年过后,仙女生了一个儿子,起名叫天罡。有一天,李员外家晚上来了贵客,他亲自到烂草棚来喊袁小。一进屋,看见了仙女。他从未见

药王篇

过这样漂亮的女子,他决心把这个女子占为己有。

　　第二天,李员外找到袁小,说:"袁小呀,你在我家,我待你不错。我今天要和你商量个事,让你那媳妇给我当小妾,我多给你些钱,你再拿钱去娶个媳妇,再买些田地,盖些房子,就算有些家业了,这也不算亏待你。"

　　袁小作为一个伙计,不敢和李员外对抗,他只好把仙女让给了李员外。袁小得了钱,不当茶僮了,他用钱置了点小家业,拉扯儿子袁天罡过日子。他为了对得起仙女,对天发誓不再娶媳妇。因此,他又成了一个单身汉。

　　仙女到了李员外家,过了一年,她又生了一个儿子,这就是大名鼎鼎的李淳风。李淳风出生不久,天上敲响了天鼓,仙女上天了。从这以后,袁天罡和李淳风都没有妈妈了。袁天罡上学了,学生娃们都瞧不起袁小的儿子,天天打他,天天骂他:"你这个没妈妈的娃,打死你!"袁天罡天天从学堂哭回家,问袁小:"爹,我妈妈呢? 我为什么没有妈妈?"袁小怕别人笑话自己把媳妇送给了员外,根本不敢提这件事。每回看着儿子挨了打哭着回来,他心里很难受,却不敢把实情说给儿子。这天,袁天罡在学堂又挨了打,哭着往回走。路上,他遇到了一个白胡子老头,这白胡子老头是太白金星变的。他问袁天罡:"孩子,你为什么哭呀?"袁天罡说:"我没有妈妈,天天受别人欺侮。"太白金星说:"你怎么没有妈妈呢? 你有妈妈。"袁天罡一下子拉住了白胡子老头,给他跪下,说:"爷爷,请您告诉我,我妈妈在哪里?"太白金星说:"明天中午,你到隔山水塘边,藏在芭茅林里,那水塘里有7个姑娘在洗澡,等她们洗完澡要走时,最后那个穿红衣裳的女子就是你妈妈。"第二天,袁天罡照着白胡子老头的话做了。他待 7 个姑娘上岸要走时,一下子拉住了那个穿红衣裳的女子,喊:"妈妈!妈妈!"

红衣女子仔细一看,是自己的大儿子,就说:"儿呀,我给你一本书,你好好读,一辈子不会受穷。"袁天罡刚接过书,红衣女子就不见了。红衣女子给袁天罡的书是一本天书。按书中的文字推算,能知道许多还没发生的事。人们给它起了书名,叫《天罡时》。那时候,朝廷的正宫娘娘掉了金钗,找了好些天,总找不着。就派大臣来问袁天罡。袁天罡写了一首诗:皇宫内外寻金钗,御花园里也没得。要想头上金钗现,又沾豆子又沾麦。正宫娘娘和文武大臣们一起解诗。宰相想了一天,说:"又沾豆子又沾麦,是不是酱豆呢?"正宫娘娘一想:"是呀,酱豆是豆子和麦子做的。又一想,是的,前些天,我到酱园去过一趟,还看了看酱豆的好坏。"

正宫娘娘又来到酱园,伸手拿起勺子,在酱豆盆里一搅,搅出了金钗。原来她的金钗是掉在了酱豆盆里。这一下,袁天罡出名了。他一下子成了唐朝的"神算子"。因为袁天罡和李淳风是同一个母亲生的,所以,李淳风也读了这本书,弟兄两个都有未卜先知的本领。

有关袁天罡的来历,还有一说:

话说袁天罡为隋文帝杨坚之子,生于隋文帝开皇三年(公元 583 年)初。因皇后独孤氏杀了一个嫔妃,将这位嫔妃的儿子送给袁家抚养,后拜峨眉山智仁法师学功,下山路遇李淳风之父李播以及药王孙思邈,这才有了袁天罡拜药王孙思邈为师的事。

据说袁天罡学得一身好武艺,辞别了智仁法师下山回到家里,整日跟着义父靠卖烧饼度日。寒来暑往,一天,他挑着烧饼担在青羊宫附近叫卖,遇见一位老人拄着拐杖从他身边经过,说是要买一个烧饼,袁天罡放下担子,可是那老人上下左右端详起他来。袁天罡奇怪地问:"老人家,你不是要买烧饼吗?"老人说:"对呀,我是要买一个烧饼。"说着就拿起一个烧饼来吃,袁天罡见这老者这么不客气,禁不住说:"老人家,5文钱一个。"老人在身上只摸出了1文钱,说:"我只有1文钱了。"袁天罡心想:"这老人想占便宜,用1文钱想买我5文钱的烧饼,唉,算了吧,何必与他计较。"于是说:"你拿去吃好了,那1文钱我也不要了。"老人一听,说道:"还有这么好的事呀,白吃不要钱,干脆你再送给我一个吧。"说完,又伸手拿了一个。袁天罡心里有几分恼怒,见老人如此得寸进尺,真想打他一拳,可他克制住自己的情绪,挑起烧饼挑子就走了。

老人见袁天罡走了就喊道:"卖饼的小伙子,你等等。"袁天罡回头说:"什么事呀?你是不是还没吃饱?"老人笑道:"我刚才是和你闹着玩哩。"他说着掏出10文钱来递给袁天罡,说,"给。"袁天罡接过钱。老人说:"我看小伙子你相貌堂堂,天庭饱满,五岳拱朝,学堂宫全,且气度甚宽,想和你交个朋友?"袁天罡一听,心中一惊,心想:"这老人有些来历,难道他是江湖高人?"他放下担子,行礼道:"承蒙老前辈看重,我十分感激,只是不知老前辈为何叫住我?"老人道:"老朽孙思邈,以治病救人为业,我从医多年,见过的人有数千之多,从面相上看,你算是贵相,你叫什么名字?"

袁天罡道："想不到您是孙思邈老前辈，江湖上久传您的大名，晚生只恨无缘相见，晚生姓袁，名天罡。"孙思邈说："我看你不凡，天资甚高，于岐黄、命理之术不难参透，只是不知你能否吃苦，随我浪迹江湖？"袁天罡急忙叩拜道："师傅在上，请受徒儿一拜，我愿随师傅云游天下。"此后，袁天罡便随孙思邈云游天下。

他每日跟师傅学习，开始学的是医术，孙思邈教他望、闻、问、切、配方用药、针灸推拿。

有一天，孙思邈对袁天罡说："你已跟我学了不少医术，从今日起，我教你相人之法。"师徒二人云游到太原，孙思邈对袁天罡说："你的相书已背熟了，但相面不能纸上谈兵，重在观察，从明天起，我带你去街上摆个相摊。"当时正是天下举子进京应试的时候，有一位叫刘文静的举子恰好从此经过，见有一老相师坐在摊前，便走过去，孙思邈见了大惊："相公气色极高，依我所见，当中今年头名状元。"刘文静听后掏出 10 两银子扬长而去。

袁天罡问："师傅，你怎么断定他会中状元呀？"

孙思邈说："此人耳白过面，主声闻天下，眉清目秀，学堂宫全，主文章显达，且天庭明润，泛黄光，主近期有大喜大庆之事，故断定他中头名状元。"

刘文静回到驿馆后心里十分高兴，晚饭后闲来无事便开始赌钱，这一夜，他的手气十分的旺，竟赢了 100 万钱，他心里很高兴。

第二天，刘文静又来到孙思邈师徒二人的相摊前，孙思邈看了一会儿说："我看你的气色很难中榜，唉！你坏了我一世声名，这回算不准了。"刘文静忙问其故。孙思邈说："但凡相人功名，先观天庭气色,昨天见你天庭黄亮明润,是个中状元的气象,今日我看你天庭枯焦、黑滞,哪里还有什么功名呢?莫非你做了什么贪欲之事?"刘文静把昨晚赢钱的事说了一遍。孙思邈道:"怪不得,非义之财,取之,轻则减福,重则丧命。"刘文静忙问:"先生,还有补救的办法吗?"孙思邈说:"除非你把所有赢来的钱都如数退还,诚心悔过,还可占科甲,只是不能中状元了,最多只能得三名之后。"

刘文静回到寓所后,把所有赢来的钱全部如数退还给人家。后来,刘文静进京赶考,果然中了第四名。这时,刘文静才发现这个老相士是个江湖高人,他马上带着重金赶往那个相摊,可是孙思邈早已领着他的徒弟袁天罡离开太原云游去了。

数年后,药王孙思邈见弟子袁天罡已深得医人、相人之术,便对他说:"天罡,你下山去吧!""师傅,您是要赶徒儿走吗?"袁天罡扑通一声跪倒,求师父开恩。药王孙思邈忙一把扶起袁天罡,笑着说:"师父也舍不得让你走,但你的事业不在这里。你去长安谋生,日后定有贵人相助。"于是,袁天罡拜别师父,去了长安城。

玄奘篇

玄奘其人

玄奘(公元602年—664年),通称"三藏法师",俗称"唐僧"。唐佛教学者、旅行家,唯识宗创始人之一。本姓陈,名祎。洛州缑氏(今河南偃师缑氏镇)人。13岁出家,后遍访名师,精通经论。唐太宗贞观三年(公元629年,一说贞观元年),经凉州出玉门关西行赴天竺,在那烂陀寺从戒贤受学。他西行历时19年,到印度取真经,一生译经、论75部,总共1335卷。他的足迹遍布印度,影响远至日本、韩国以至全世界。他的思想与精神如今已是中国、亚洲乃至世界人民的共同财富。

隋大业八年(公元612年),于东都洛阳净土寺出家。隋大业十二年(公元616年),玄奘随其兄赴长安居住,后入汉川,北至益州,适逢空、景二法师,从之受学,继而至高僧大德云集的成都学习。唐武德五年(公元622年),玄奘于成都受具足戒。后玄奘游历各地,参访名师,讲经说法。

通过多年来在各处的所闻,他深感异说纷纭,无从获解。特别是当时摄论、地论两家关于法相之说各异,遂产生去印度求弥勒论师之要典《瑜伽师地论》作为依据,发扬法相唯识宗之根本理论。唐贞观元年(公元627年),玄奘陈表,请求西行求法。但未获唐太宗批准。然而玄奘决心已定,乃"冒越宪章,私往天竺"。

唐贞观元年(公元627年),玄奘从长安出发西行。

唐贞观十九年(公元645年),玄奘返抵长安,时年43岁。玄奘从印度及中亚地区带回国的梵策佛典非常丰富,共 526 策、657 部,对佛教原典文献的研究有很大的帮助。

玄奘法师回国后翌年,即唐贞观二十年(公元 646 年)即开始组织翻经译场,首先在弘福寺翻经院进行,其后在大慈恩寺,北阙弘法院、玉华宫等处举行,直至唐麟德元年(公元 664 年)圆寂前为止,共 19 年,先后译经、论 75 部,总共 1 335 卷。所译之经,后人均称为"新译"。他还口述由辩机笔录完成《大唐西域记》。全书记述高昌以西玄奘所经历的 110 个和传闻所知的 28 个以上的城邦、地区、国家的情况,内容包括这些地方的幅员大小、地理形势、农业、商业、风俗、文艺、语言、文字、货币、国王、宗教等等。是研究中亚、南亚地区古代史、宗教史、中外关系史的重要文献。此外,玄奘又奉敕将《道德经》等中国经典译作梵文传于印度。

翻经证义

大慈恩寺是唐高宗李治为追念其母亲文德顺圣皇后而建,当时寺院规模宏大,重楼复殿、云阁禅房 13 个院落,房舍 1 897 间,是唐长安城最宏伟最壮丽的皇家寺院。寺院建成后,宣令度僧 300,并随后礼请刚从印度取经归来的玄奘在此翻译佛经、弘法育人,玄奘和弟子窥基创立了佛教的一大宗派——唯识宗,大慈恩寺又被尊为"唯识宗的祖庭"。

唐永徽三年(公元 652 年),为保存玄奘从印度取回的佛经、佛像、舍利,就在寺西院建造了大雁塔,初为 5 层,武皇长安元年

（公元701年），此塔倾倒，武皇、王公施资改造为10层，内为空心，可登临观景，后又经兵火，改建成7层。

为何取名为雁塔？这缘于《大唐西域记》中讲述的一个佛教故事。

古印度摩揭陀国有一座王舍城，城外帝释山上有一座寺院，寺院里的和尚信奉小乘教，所以开"三净"之食，即所食肉类以未杀、未见、未闻为"三净"之食，每日进一餐，过午不得食，历来如此。一天，中午将过，众僧饥肠辘辘，午饭尚无着落，甚为埋怨。这时，有一个和尚忽见空中群雁飞过，随口出戏言："今天众僧无饭可吃，若菩萨有灵，应知我们的困难呀。"话音刚落，即见头雁退飞，投身自殪于和尚面前。众僧大为震惊，既愧疚又很伤感，都说："这是菩萨设法随机诱导我们，我们不可执迷不悟，而应该按照菩萨的旨意，信奉大乘教才是。对大雁的明导，要铭刻在心，要使厚德流传千古。"于是，他们在寺院前埋雁建塔，从此，他们将菩萨称为"雁王"，这座塔被称为"雁塔"。玄奘在印度王舍城时，专程参礼了这座有名的"雁塔"。回国后，将此故事向门徒宣讲。为弘扬大乘佛教，大慈恩寺内建的塔被尊称为"雁塔"。

唐代每年科举考试后新中进士都要在这里举行盛大的"雁塔题名"活动。唐代诗人白居易27岁中进士，当年春风得意，雁塔题名时就曾留下了"雁塔题名在城南，二十人中最少年"的诗句。

唐贞观二十二年（公元648年），玄奘奉敕任大慈恩寺首任住持，组织了宏大的译经队伍，来自全国名寺的高僧及一些重要的朝廷官员也参与了译场的监译、润色等工作。由于玄奘精通梵文，深得佛经奥旨,广博各宗各派,因而译笔精湛,准确深刻,通顺流畅,言辞明达。在长达19年的翻译过程中,他两次谢绝了唐太宗请其还俗任相,辅佐朝政的要求,排除万难和干扰"专务翻译,无弃寸阴"。每天都自定翻译进度,且用红笔标注翻译进展,如果白天因事耽误,夜晚必加班补上,往往是"至三更暂眠,五更复起","一入道场,非朝命不出",翻译不息,直到生命最后一刻。

玄奘晚年,为摆脱俗务干扰,曾一再上奏朝廷,请求住异地专务翻译,后经唐王批准迁往铜川玉华宫,居住此地4年,译出了《大般若经》600卷,至唐高宗麟德元年(公元664年),他病故前几天,还着手翻译另一部卷帙浩繁的《大宝积经》,才译数行经文,突感体力不支,憾而辍笔,直至圆寂。

在他生命的最后19年里,玄奘先后在弘福寺、大慈恩寺、西明寺、玉华宫等译场组织翻译,共译出经典75部1335卷,字数多达1300万。玄奘所译经论大乘、小乘、五科经典,甚至诸家宗派学说囊括其中,因其译本准确可靠,而他所依据的原印度梵本散失很多,故他的译本被视为"第二梵本"、"准梵本",因而才有了唐代佛教的鼎盛时期和后代的海外高僧入唐求法的新局面。

《大唐西域记》与《西游记》

《大唐西域记》与《西游记》是两本互有关连的书,原本都是讲述同一个故事,但其表现的手法不同,一个是用纪实的手法来表现,而另一个则是用神话的手法来表现。

《大唐西域记》系唐太宗钦定，玄奘口述，由弟子辩机整理而成。唐贞观二十年（公元646年）秋7月，玄奘在翻译出佛经的同时，又完成了著名的《大唐西域记》，于13日进表于太宗。言道："所闻所历一百二十八国，今所记述，有异前闻，皆存实录，非敢雕华，编裁而成，称为《大唐西域记》，共十二卷。"据悉，该书记述了128个国家的都城、疆域、地理、历史、语言、文化、生产生活、物产风俗、宗教信仰，还记述了其他10余国家的情况。本书是继东晋僧人法显之后又一取经游记巨著。书中除了《阿富汗巴米扬大佛》、《印度雁塔传说》、《那烂陀学府》以及诸如《佛祖成道》、《佛陀涅槃》等无数佛陀圣迹，还有很多佛教传说故事。内容全面系统，翔实生动，先后被译为英、法、德、日等国文字广为传播，是研究中外文化交流、佛教历史及交通史、民族史的珍贵资料。《大唐西域记》实际是一部玄奘西行的实录。玄奘在西行求法的征程中，经历了数年时光，所到国家上百个，山河城关成千上万，观礼佛寺宝塔成千上万，所经历的事和接触的人物不计其数，而《大唐西域记》里连同他每走一地所处方位、距离多少米、国体民情、风俗习惯、气候物产、文化历史都写得清清楚楚，就连哪个寺院所奉某乘某宗，僧众多少，是何人讲什么经，多少卷等，都写得十分详尽，准确无误。这些记载又被后来的历史文献和文物考古所佐证。依据玄奘的《大唐西域记》提供的线索，对著名的印度那烂陀寺、圣地王舍城、鹿野苑古刹等遗址进行考古发掘，出土了大量的文物古迹，成为考古史上一大奇迹。这些都充分证明玄奘当年在险恶、艰难的求法途中，将所经历的大量信息和各类资料准确无误地记录了下来。

由于玄奘取经的壮举以及历尽千难万险的非凡精神,以至于后世将他所经历的故事演绎出诸多的传说和神话。千百年来,记录玄奘西行的《大唐西域记》和《西游记》总是如影相随。这就是历代"唐僧取经"各种艺术形式和明代吴承恩著《西游记》的历史文化背景。

早在西夏时代,著名的佛教圣地敦煌榆林窟就有五六幅"唐僧取经"的佛教故事壁画,大都生动刻画了唐僧身着袈裟合十拜佛;孙悟空护法;白马驮经的故事情节。元代吴昌龄有《大唐三藏西天取经》杂剧,直至明代吴承恩著《西游记》,尽管情节差异较多,然而《大唐西域记》与《西游记》两者之间还是有着源流的关系。在《西游记》小说中描述了唐僧与唐王结为御兄弟,受其差遣,领命求法,送至宫门外饯行时说"宁爱本国一捻土,莫恋他乡万两金!"而历史上玄奘西行是上奏唐王未得允许,只得违禁出关。倒是《大唐西域记》中记述了途经高昌国时,高昌王敬重其才学挽留劝阻,玄奘绝食抗拒,使高昌王为之感动,结为御兄弟,盛情款待,并附20封国书,隆重送行。另外,《西游记》中为何能虚构出孙悟空、猪八戒、沙和尚、白龙马等形象? 据记载,高昌国王为玄奘送行时,特意为他挑选了四个小和尚,护送他西行,其法名为悟空、悟净、悟能、悟慧。

《西游记》故事使玄奘在中国家喻户晓,妇孺皆知。《西游记》也成就了吴承恩,使他名扬世界,永载中国文学史册。

吴承恩与《西游记》

吴承恩因一部神魔小说《西游记》而名垂中国文学史册,蜚声中国乃至世界文坛。

吴承恩(约 1500 年—约 1582 年),字汝忠,号射阳山人。山阳(今江苏淮安)人。

吴承恩出生于一个由下级官吏沦落为小商人的家庭,他的父亲吴锐性格乐观旷达,奉行常乐哲学,为儿子取名承恩,字汝忠,意思希望他能读书做官,上承皇恩,下泽黎民百姓,做一个青史留名的忠臣。

吴承恩小时候勤奋好学,一目十行,过目成诵。他精于绘画,擅长书法,爱好填词谱曲,精通围棋,还喜欢收藏名人的书画法帖。少年时代他就因为文才出众而在故乡出了名,受到人们的赏识,认为他科举及第如拾一芥。

吴承恩除勤奋好学外,特别喜欢搜奇猎怪,爱看神仙鬼怪、狐妖猴精之类的书籍。如《百怪录》、《酉阳杂俎》之类的书,这类五光十色的神话世界,使他养成了搜奇猎怪的嗜好,随着年龄的增长,这种爱好有增无减。

唐僧取经取材于历史上一件真实的事。年轻的和尚玄奘,一个人离开京城长安,只身前往天竺(印度)取经。他从长安出发后,途经中亚、阿富汗、巴基斯坦。过高昌国时,那里的居民非常推崇佛教,国王见他是从大唐来的和尚,非常高兴,愿封他为护国法师,加上黄金百两、骏马千匹。玄奘不为所动,偷偷溜出了宫向西逃去。高昌国王深受感动,派士兵前去送玄奘一匹白马和一些文书,玄奘感激不已,他向王宫方向拜了几拜后就骑马西去了。玄奘历尽艰难险阻,最后到达印度。他在那里学习了两年多,并在一次大型佛教经学辩论会上任主讲,受到了赞誉。

唐贞观十九年(公元645年)玄奘回到了长安,带回佛经657部。他这次西天取经,前后19年,行程几万里,是一次传奇式的万里之行,轰动一时。后来玄奘口述西行见闻,由弟子辩机辑录成《大唐西域记》。这部书主要讲述了他路上所见各国的历史、地理及交通。

他的弟子慧立、彦悰撰写的《大唐大慈恩寺三藏法师传》为玄奘的经历增添了许多神话色彩。从此,唐僧取经的故事便开始在民间广为流传。

吴承恩从玄奘取经的故事中受到了很大的启发,他翻阅了南宋的《大唐三藏取经诗话》,金代院本《唐三藏》《蟠桃会》,元吴昌龄的《唐三藏西天取经》,无名氏的《二郎神锁齐天大圣》,萌发了以玄奘法师为原型,采用神话的手法,向世人展示玄奘西行取经的艰难。于是,就有了神魔小说《西游记》的创作设想和举动。吴承恩也正是在民间传说和话本、戏曲的基础上,经过艰苦的再创造才完成了这部令世人为之骄傲的伟大文学巨著。

主要贡献

玄奘是伟大的佛学家，他不仅为中国佛教文化作出了卓越的贡献，也为亚洲各国传统文化的交流和发展起到了至关重要的作用。

一、玄奘对中国传统文化的贡献与历史影响

玄奘对中国传统文化最大的贡献是对佛教经典的翻译和著述。同时，他对中国传统文化的影响也是多方面的，他既是中国佛教文化发展到高峰的代表，也是当时佛教文化迅速发展的主要推动者。除此之外，玄奘还有力地推动了中国文化与西亚、南亚次大陆文化的交流。

玄奘在佛经翻译方面，有以下几个特点：

第一，数量多。玄奘共翻译佛教经、律、论75部1 335卷，约占隋唐译经的半数以上。

第二，质量高。在梵文佛经汉译的所有翻译者当中，玄奘堪称最完美的翻译家，这一点古今中外是公认的。

第三，种类齐全。玄奘对佛教各部派的典籍都作了翻译，并没有作大乘或小乘、空宗或有宗的分别，各宗各派都有所兼顾，甚至对外道婆罗门教的经典也有所翻译。

第四，第一个做译主的中国人。从中国开设国立佛经译场开始，到玄奘回国之前，都是外国人做译主，中国僧人协助翻译。这种局面一直到玄奘归国之后才有了彻底的改变。隋唐时期，前后共设国立译场18个，直到第8个译场玄奘做译主，前面都是外国僧人做译主。玄奘译场是第一个由中国僧人主持的国立佛经译

场,它标志着中国翻译佛经的历史由被动转向了主动,开辟了中国佛经翻译的新局面。此后,又有杜行、义净等中国僧人相继主持了佛经译场。玄奘所译的佛教经典成为中国佛教文化中最重要的组成部分,为以后佛教文化的发展奠定了坚实的基础。

佛教从印度传入中国之后,其发展不仅受到儒家和道教的排斥,也受到王权政治的威胁,佛教在重重阻碍中谨慎地拓展着自己的生存空间。在唐朝建国之初,抑佛扬道被定为国家的宗教政策,佛教基本上处于被抑制状态。玄奘回国后这种状况得到了明显的缓解,这与玄奘的人格魅力对唐太宗李世民和唐高宗李治产生的影响有很大关系,我们也从中看到玄奘与唐太宗、唐高宗和武后三位最高统治者巧妙周旋的智慧和苦心。由于玄奘与唐高宗、武后的微妙关系,他虽然没有直接参与诸如"致拜君亲"之类的事件,但却借用自己与帝王的特殊关系,默默地为佛教争取最大的生存空间。玄奘曾屡次请求废止"先道后僧"的规定,但这毕竟是李唐王朝的国策而未能如愿。但在他的再三恳请之下,唐高宗最后还是做了让步,废止了僧尼犯法依俗科处置的诏令。所以,在初唐对佛教极其不利的政治环境中,佛教能够平稳地发展而没有遭受太多政治上的打击与玄奘有很大的关系。

玄奘在西行的过程中,向沿途的中亚各国和印度各地介绍了中国的文化,使亚洲各地的文化有了一次很好的交流机会。在玄奘的介绍、宣传下,印度戒日王专门修书派使臣前往中国。玄奘从印度带回来的除了佛经之外,还有大量的印度与中亚诸国的科技、文化与物种。玄奘回国后,也没有中断与印度友人的联络,还经常互通书信。此外,他还将源于中国的《道德经》和《大乘起信论》等文化典籍翻译成梵文,传播到了印度。

玄奘篇

二、玄奘对印度大陆的文化贡献与影响

玄奘对印度历史文化的贡献是巨大而深远的,这种影响也是多方面的,且一直持续到现在。他也为印度的文化以及中印文化的交流作出了巨大贡献。

第一,玄奘在印度得到了大乘和小乘的共同认可,使印度佛教在理论认识上有了一次难得的统一。印度佛教在释迦牟尼圆寂后,因对佛经理解的不统一而分裂成很多部派。玄奘到达印度时,印度佛教最大的派别对立是大乘佛教与小乘佛教,而且两者在认识上的分歧难以调和。经过 1 000 多年,印度大乘佛教理论的发展取得了巨大成就。玄奘经过十几年的参学,贯通了大、小二乘,融会了空、有二宗。在离开印度之前举行的曲女城无遮大会上得到了印度大乘佛教、小乘佛教的一致认同,小乘佛教公推他为"解脱天",大乘佛教公推他为"大乘天"。印度大乘佛教与小乘佛教之间的理论分歧在玄奘的身上得到了统一,这是玄奘对当时印度佛教的贡献之一。

第二,玄奘在佛教文化中心由印度向中国转移的过程中,起到了关键的作用。12 世纪以后,佛教在印度逐步消亡,大量的梵文佛教经典消失殆尽。19 世纪下半叶,印度佛教复兴时,很多经典只能根据当年玄奘翻译的汉文经典回译。玄奘的翻译使得印度佛教大量的文化典籍得到了很好的保存,这是玄奘为今天的印度佛教和印度人民作出的又一大贡献。在玄奘西行求法时,印度的大乘佛教也完成了从空宗到有宗的发展,这是佛教理论发展的最高峰。经过学习,玄奘完全掌握了佛教发展中的最新理论成果,而且将其准确完整地传播到了中国和东亚诸国。就在此后不久,阿拉伯帝国侵入了印度大陆,印度佛教因遭到了毁灭性打击而很

快消亡,世界佛教文化中心由印度转移到了中国。所以玄奘西行求法对印度佛教文化最高理论成果的完整保存和广泛传播具有重大的历史意义。

此外,玄奘的著述《大唐西域记》是玄奘贡献给印度人民的一块文化瑰宝。印度人没有记载历史的习惯,到了近代,当外国人抑或印度本国人想了解历史上的印度时,历史资料极少,这使得《大唐西域记》无与伦比的历史文化价值就显现出来了。该书对印度古代历史上的许多重要事件都作了记述,而且它所记载内容的全面性、准确性已经得到了历史考古者的印证,英国的印度史学家史密斯对《大唐西域记》评价说:"玄奘的这本书对印度历史的贡献无论怎样评价都不会过分。"

三、玄奘对世界文化的贡献与影响

玄奘不仅为中国和印度文化作出了巨大贡献,他也影响了整个东方历史文化的内容及其形成过程。不仅在当时产生了重大影响,而且这种影响持续至今。在世界日益全球化的今天看来,他是历史上最早打开国家和民族的疆界,进行国际文化交流的先行者。

当时,日本、新罗(朝鲜)等东亚国家很注重向中国学习,所以,玄奘法师归来后所译的佛经很快就传到了日本、新罗(朝鲜)等国。而且,玄奘在译经之余,还抽空为各国培养僧才,如新罗(朝鲜)的圆测,日本的道昭、智通、智达等,他们归国后,各自为佛教文化在本国的传播和弘扬作出了巨大贡献。

在东西方文化大碰撞的最近几个世纪,由于玄奘传播的佛教唯识学理论博大精深,对唯识学的学习和研究又掀起了一个热潮。中国在 19 世纪中期以后的近百年中,出现了杨仁山、太虚大师、欧阳竟无等一批唯识学大师,他们通过对法相唯识学的整理研究与传播弘扬,在中国掀起了一次以唯识学为支点的佛教复兴运动,这次唯识复兴运动对中国佛教的影响极为深广。而且当时的佛教复兴运动也波及印度、越南等亚洲国家,印度、越南等国也掀起了佛教复兴运动。中国佛教传入越南最早的是禅宗、净土宗和密宗。20世纪20年代后期,遇到了重大挫折的越南佛教掀起了"佛教振兴运动"。太虚大师等人将有关"唯识学派"的各种经典著作和玄奘本人的事迹及其思想传播到了越南。从此之后,玄奘的著作和思想才在越南得到了认识,同时也获得了越南人民的高度评价。越南哲学所所长阮才书说:"玄奘这样的高僧在越南爱好佛教的人们中获得了超过任何外国和尚的威望。""20世纪初'越南佛教振兴运动'所获得的理论成果是越南佛教思想史中的一个大进步。这些表现在两个方面,属于理论方面的就是内容丰富,论证严密;属于信心方面的就是又相信教理中的信条,又相信人的主观能力的状况。这些情况的来源不能不考虑到'唯识学派'注解者的劳动,在这里是玄奘的功劳。"

简言之,玄奘不只对中国的文化,也对亚洲文化乃至世界文化作出了巨大的贡献。他对世界文化的影响不只存在于过去的历史当中,也存在于我们的现实之中。随着世界的全球化,他的贡献也将随之影响到全世界。正如印裔诺贝尔经济学奖获得者阿马蒂亚·森所说:"玄奘西行是世界全球化历史上极其重要的一笔,它不只是贸易的,同时也更是文化的全球化。玄奘用极其开放的胸怀吸纳异域文化、传播中华文明,造就了亚洲特别是东亚文明的一些重要的文化特质。玄奘西行的历史意义早已超越了时间、空间和宗教的限制,成为全人类的共同财富。"

索姑篇

索仙姑其人

索圣母功德纪念碑志:

青山索圣母汉代人,籍陕西扶邑(今扶风县)索村堡,因抗婚上周至青山修炼,途中夜宿东大坚村一晚,认该村为续亲娘家,悟道成仙,坐化峰顶。2 000多年来,惠泽百姓十福:风调雨顺、解危消灾、甘泉赐饮、祛病除邪、玉成佳偶、子嗣承延、扶困救贫、扬善挞恶、官清民顺、国家太平。民国初年军阀混战,东大坚村发生的一次法蛇锁城河,第七师退兵,百姓免遭一场兵燹之灾;民国30年信雨警县衙,田杰生赠匾"福赐甘霖",就是索圣母恩泽百姓的真实写照。索仙姑成为人之楷模,万户尊奉。唐王李世民敕封索仙姑为大唐全贞圣母娘娘。2 000 多年来三秦大地的百姓立庙祭祀,特别是周至翠峰青山神社的马家庄、刘家寨、西肖村派人守祠,常年香火敬奉。千户人家,万户弟子康吉福宁。圣母恩德影响深远,四面八方的朝拜者络绎不绝,特在盛会三月,人山人海,摩肩接踵,登山览胜。周至终南镇东大坚村民感神德广被,结惠缘青山,虔诚八七年集资重修庙宇,塑圣母金身,今又愿奉碑石之志,以资纪念。

青山为何特出名,

峰翠山青白云凝。

泉水甘甜三池净,

绝顶风光梳妆台。

怪鸟奇石各有异,

庙祠供奉十为神。

你若虔心来问事，

定然有求必有应。

据清代《周至县志》载：索姑的父亲是个商人，经年在甘陇一带贩马。他结识了一个有钱的胡人，强迫索姑嫁给他。索姑誓不相从，夜乘其父的白马上了青山，索姑一边青灯黄卷念经悟道，一边精研中医药，为百姓义务诊病疗疾，广行善举。她跌坐而化后，百姓感念她的懿行仁德，为之立庙，居神人位，人称"索仙姑"、"索圣母"、"青山女神"、"全贞圣母娘娘"。

青山索娘娘庙建于唐贞观二十二年（公元648年），信者众，香火盛。特别是每年农历三月初十索圣母庙会前后，兴平、武功、扶风、杨凌、眉县等县区及周至十里八乡的信众接踵而至，拜谒者不下几十万人。时代变迁，几度兴废，庙宇近几年又有了新的发展。

夜入青山苦修行

周至西南翠峰有座青山，青山不仅风景秀美，而且历史悠久，这个传说就源自这里。

青山脚下，那条曲折蜿蜒的小路好像常常被草掩树挡、云遮雾罩。山顶娘娘庙的道姑对神仙恭敬了得，常说："老身为神生在今世。"常常下山给人医病，去山下楼观朝圣学道。靠山吃山的樵夫、药工、木工和猎人在这青山路口必定会给山神敬一炷香，献三尺红布，磕几个响头，作几个长揖，求得山神保佑，图个吉利平安。走在山上说话不能冒犯神灵，做事得有分寸。时常会有人因得罪神灵而受罪迷路,甚至走上狼、熊、虎、豹踩出的林间小道。

小路口走来一名女子,步履蹒跚,行动迟缓,神情恍惚。她光着脚,头发凌乱,衣服多处被挂破,疲惫不堪的目光遮不住身上的灵慧之气。长途奔波的困乏掩不住透出的那股坚忍不拔的骨气。

她饥渴难耐,在树枝间搜寻,终于被树枝间的几枚青果吸引了,她摘下一枚大咬一口,全然没有平日生脆、涩酸的味儿,仿佛是王母盛会上的仙果珍馐。她想这是上天的恩赐,遭遇这样的大难,因神灵护佑着才会安然无恙。

四周渺无人烟,颤抖的心渐趋平和,寂静祥和的气氛围上来,浑身虽说像散了架,这一刻的安谧足以让她放松。回头望去,险些要了自己性命的渭水似一条金线,分开两岸的原川。河北岸是她的家乡——索村,尽管努力看去却只是灰蒙蒙一片,村中有她的父老乡亲,兄弟姐妹,有她童年的歌谣,有她人生的憧憬。昨夜惊心动魄的一幕,将她的梦幻打碎了,刻骨铭心的疼痛是她终生的内伤。

母亲刚刚吹熄了油灯,索姑正要入睡,敲门打窗中混杂着叫骂声和狗吠声。屋门没撑多久就被砸开了,灯笼、火把将屋内照得如同白昼。父母无法拦挡冲进门的官兵,官兵口称隋炀帝征选宫女,强行押走了索姑。

被押的索姑一步三回头地望着夜色中的父母,只能听见父母绝望的哭喊声,只能听见狗凄厉而忧伤的叫声。

索姑随官兵沿着渭河,往长安方向行进。官兵手执灯笼、火把,将河堤近处的水面映照得像刀刃一样明晃晃一片。索姑吞咽眼泪,暗自思量:"这一去恐终生难见父母面了。"

父亲长年在外经商,结识了许多商人,曾在一次喝酒时,趁着醉意一口将索姑许配给一名胡商。那胡商长得五大三粗,身后总跟着一团膻味,络腮胡子蓝眼珠,说起汉话结结巴巴,不讲究汉人礼节。索姑见了一面,了无好感,坚决不从。父亲反复劝说,索姑以命抗争,父母没辙,只得作罢。

索姑的嫂子斜眉瞪眼,满脸横肉,认定索姑养活在家不划算,平日里打着窗子给门听,要让索姑每天夜里纺线 2 斤半,白日里织布 10 丈。索姑熬夜熬得瞌睡了,打了个盹,梦见有位道姑模样的神仙帮她纺线、织布,醒来后发现线果然纺好了,布也织成了。最狠莫过索嫂心,听说皇宫选美女,她想借此拔走眼中钉,肉中刺,便偷偷跑到衙门报了索姑名,领了赏钱。

队伍沿河堤往东走了数里,突然从河中的沙洲上飞起成千上万只鸟儿,鸟儿惨叫着从人们的上空掠过,展开宽大的翅膀扑打着人们的头顶,鸟粪扑扑地落了人们一身。队伍乱了,躲避鸟儿攻击的官兵和民女,你拥我挤,不知所措,许多惊慌的人捂住脸护着头乱窜。

忽然有人惊叫:"索姑跳河了。"

灯笼、火把照过来,河面上偌大的漩涡被人们急促的叫喊声吵得重新恢复了混浊的黄汤模样。

河面翻卷着泡沫滚滚东去,泡沫中浮起一只绣花鞋子,大家认定是索姑的鞋。刚刚喊叫着要跳入水中捞上索姑的一个大兵,用枪挑上那只绣花鞋说:"索姑九成淹死了,大家可是都看清了,有了这只鞋,回去也好交差。"

索姑跳入河中,本想以死了之,却沉入水中,随暗流翻滚,下意识双手乱抓,双腿乱蹬。她一下子竟抓住个什么,双手就死死地抱住,虽然手心感觉到滑爽,却犹如救命稻草,越抱越紧,全身好像被驮起,渐渐浮出水面。索姑听过老婆婆讲过《渭河鲤鱼化龙》的故事,莫非龙王在救自己不死。正思量间,那似鱼似龙的东西身子一斜，索姑滚到沙滩上了。凉风将索姑唤醒，星光撩开索姑的眼皮，河滩的细沙抚摸着她，索姑感觉到黑黢黢的夜空中跃动着生命的光芒。

黑夜里索姑急忙起身向南逃跑，她每向南走一步，就远离危险一步，远离家乡一步。土路磨得索姑脚底烧痛，疼得钻心。索姑总觉得身后有追兵，一口气跑到青山脚下。

索姑狼吞虎咽般吃了几枚青果，被从青山上下来给村里人看病之后返回的老道姑发现，老道姑领着索姑去青山娘娘庙中将息。

眨眼间青山变黄，黄山变青，几年过去了。索姑住在青山上，心里满是青山，清朗的日子，在山上能看见渭北的树木。索姑不敢下山回家，怕祸及父母。

梳妆台和娘娘庙周围的田地里长出索姑和老道姑用汗水浇灌的庄稼和蔬菜，林地里结满了采不尽的核桃、毛栗和各种野果。索姑又向老道姑学医，为人免费治病。善良的药工、猎人、木工和樵夫给山上送来日常用品，索姑用以物易物的原始交换办法，给他们做吃的、供喝的，送给他们蔬菜、干果和布匹。近两年他们常说："荒淫无道又暴虐残酷的隋炀帝已被推翻，长安城中的皇宫中姓李的皇上坐龙廷，州府县衙一概新换了府台县令，朝廷颁布了新政，奉行黄老之道，与民休养生息，停止强征民女入宫。只是那些衙役、师爷、三班、里正、乡约还是前朝的旧人手。"索姑得罪过这些人，思前想后，就打消了回家的念头。

奉清茶迎唐王

一天，索姑和老道姑念罢《清静经》《阴符经》，用了早膳，索姑领命去半山腰采些金银花和五味叶子作茶叶。采了半晌金银花和五味叶,索姑感到人乏口渴,她便沿着小路去找煎茶坪。

煎茶坪是处熟悉的地方,索姑和道姑上山、下山必经此地,是几百米山道上天造地设的歇脚处。在避风向阳的塄坎边,有索姑和老道姑往来歇息时煮金银花和五味叶的小茶灶。路过的樵夫、木工、药工、猎人也常常在此烧茶歇息。

已是中午,阳光暖暖的,青天、白云深远而舒坦,花喜鹊在枝间跳上跳下找朋友。索姑进了坪地,见坪中的大树下斜倚着一位戴盔披甲足蹬战靴的将军,左手握剑鞘,右手攥剑柄,睡得又香又甜。眉宇间的英武之气震撼人心。旁边石柱上拴着一匹雄健的骏马,鞍的一边挂了一张雕镂精美的硬弓,另一边挂了一袋翎羽鲜艳的响箭。那马气宇轩昂,毛色光亮,神采动人,辔具饰金挂银。

索姑吃了一惊,以为官兵上山要捉拿她,抽身将要返回。刚走几步,就听那位将军梦中喃喃地说着:"水……水……水……"显然受了焦渴。索姑一想:"捉拿我怎能只来一名将军在半山坪上睡觉呢?"再想,"我逃亡是前朝旧事,当朝将军犯不着亲自捉一名民女吧。"又见那将军面容慈祥,倒不像是坏人,就到茶灶烧水煮茶,一来敬客解渴,二来自饮消乏。

当一股清风吹来,茶水润泽将军时,将军神清气爽,劳顿已无。见面前捧茶的是一位端庄、秀丽如同天仙的年轻道姑,惊诧中以为遇到了天宫下凡的仙女,忙起身道谢。索姑讲了自己的遭遇,听了索姑诉说,将军甚是感动。将军说:"我是唐朝秦王李世民,父皇尊太上老君为先祖,我随父皇到楼观多次拜谒,饮仙姑一杯清茶,胜过琼浆玉液。佛说缘分,道说机巧。我被父皇安置在武功庆善宫,今日众将士和我在青山下打猎,我贪追一头野鹿,误入深山,迷路难返,一时困乏,幸遇仙姑。"

索姑见是秦王,惊慌失措,低头要拜。秦王李世民连忙扶起说："我送你回家还俗。"

索姑表明心迹："我在青山的长风和明月之间，我生与道相守，道与我一生相保。"秦王敬佩，道："日后假如天遂人愿，封你为全贞娘娘。"

秦王飞身上马，在索姑指引下一路下山而去。

不久，李世民登基，做了大唐皇帝，传敕封索姑为"大唐全贞圣母娘娘"，并在青山建庙奉祀。

青山翠峰，以索圣母而有名；女神圣洁，为青山翠峰增颜色。这里就有了这个神奇的传说。

索仙姑传奇

关于索姑的故事，民间有好多版本，在这里再展现一个版本。

索娘娘生于汉末，家住扶邑（今扶风县）北索村，因头发稀少，村上人把索姑叫秃女子。秃女子10岁时就没了父母，她和哥嫂一块过日子，哥哥厚道，秃女子也爱哥哥。哥哥在口外贩马，常年在外，很少回家，平日里就剩下她和嫂子、小侄女，小侄女活泼可爱，秃女子也喜欢她。可是嫂子姚氏是一个悍妇，经常在家里虐待秃女子，白天让秃女子上山放羊，晚上还让秃女子熬眼纺棉花。家里蒸黑、白两样馍，白馍留给自己和女儿吃，让秃女子吃黑馍，就是这个黑馍也不能多吃，因此，秃女子常饿肚子，小侄女见姑姑肚子饿，就偷馍给姑姑吃。

一晃6年过去了，秃女子已出脱得更加俊俏，一对大眼睛清亮有神，嫂子姚氏一见心里又泛起了坏水，私下把秃女子许给了青龙镇上一个又老又丑的土地主做填房，秃女子知道后死活不愿意,姚氏就掐她、拧她、打她,还把她锁在柴房里不给她吃饭。秃女子无奈,假装同意了这门亲事,嫂子姚氏这才把她放出来。就在出嫁的前一天晚上,等嫂子姚氏睡着后,秃女子便骑上哥哥的枣红马慌不择路出了村。

枣红马扬起四蹄一路飞奔着,突然,马长鸣起来,秃女子睁眼一看,原来是一条大河挡住了去路,只见河水汹涌,又怕嫂子带人追来,秃女子没有多想,把眼一闭,随手扬起鞭狠狠地向马背抽去。枣红马向河里飞奔而去,等她睁开眼时已到了对岸。抬头见远处有一团冲天的亮光,她又扬鞭催马朝那亮光方向一路飞奔而去。

原来这团亮光来自一块巨石,据说这块巨石是从天而降,在夜晚时能发出亮光,人们惊异,说这是块神石。为了得到庇佑,他们都迁居大石旁,很快这里就成了一个规模不小的小村庄,村以石为名,曰"大坚石村"。

大坚石夜放亮光才引来了逃婚路过此地的索姑,索姑循着亮光走去,见巨石旁有一户人家,就上前叩门,主人杨大娘开门见是一为年轻女子,十分惊奇,问为何深夜来此,索姑说明实情,杨大娘听了十分同情,拉索姑进屋,下厨做了一碗热乎乎的面条端给索姑吃。索姑甚是感动,跪倒在地磕了三个响头,要认杨大娘为干娘,杨大娘见索姑俊俏可爱,当即欣然应允。

第二天,索姑早早起来,说是要走,怕恶嫂追来连累干娘,杨大娘包了一大包干粮送干女儿上路,索姑离开干娘,又骑上哥哥的枣红马一路急匆匆地向西南而去。

这时,姚氏在被窝里正做着好梦,猛然被进院迎亲的唢呐声和鞭炮声惊醒,急忙下炕到前院看索姑,推开房门大惊失色,索姑

索姑篇

不见了踪影，院里的枣红马也不见了，却见一条红线通向院外，姚氏失魂落魄地顺着那条红线跑去，傍晚时跑到了大坚石村，没敢停留，又顺着红线一路朝西南方向跑去。姚氏一路跑着，嘴里还不停地叫着："她姑，你等一下……她姑，你等一下……"天快黑时，姚氏追上了翠峰山，见索姑就在山间小路上走着，姚氏急忙向前跑去，边跑边高声喊叫："她姑，你等一下……她姑，你等一下……"眼看就要追上了，一眨眼，索姑不见了踪影，姚氏一下扑倒在地化作一只灰色小鸟，扑棱棱向空中飞去，边飞，嘴里还不停地叫着："姑姑等……姑姑等……"

索姑骑马上了翠峰山，见山间有一茅屋就住了下来，过上了自由自在的日子，隔三岔五，索姑带上自己炮制的香茶和山果下山到大坚石村看望干娘，杨大娘也时常上翠峰山与干女儿索姑小聚几日。

索姑后经仙人指点，虔心学道，兼修医理，为民医病，广行善举，造福四方，数年后修成正果，羽化成仙，后被唐王李世民敕封为"大唐全贞圣母娘娘"。成仙后的索姑还时刻惦念着续亲娘家大坚石村人的生计和安危。

一日，圣母索娘娘正在闭目打坐，猛一怔，感到有异，忙掐指一算，才知续亲娘家大坚石村人有难，即刻带上法宝，脚踩五彩云向大坚石村飞去。

圣母娘娘算得没错，大坚石村人确实有难，数千名官兵把村子团团围住。

事情的原由是：民国初年军阀混战，驻扎在岭上的国民党第七师经常进村扰民，村人甚是愤慨，称第七师官兵为匪兵。一日，10多个匪兵又进村要粮、要款，满街撵猪逮羊，师长的亲兵还当街要侮辱一名村姑，匪兵的行为激起了民愤，村民群而起之用乱棍打断了亲兵的腿，又随即把那些进村祸害村人的匪兵撵出了村子。

师长听说大坚石村人撵了他的兵，还打断了他随身亲兵的腿，一时勃然大怒，亲率全体官兵把大坚石村团团围住，见匪兵要进村寻仇，村人忙紧锁城门，后生小伙手执棍棒上城守卫。匪兵师长见兵临城下，大坚石村人还敢与他对抗，当即号令士兵蹚过护城河，架云梯攻城，一时城外枪声大作，匪兵们纷纷蹚水过河。正在这时，圣母娘娘赶到大坚石村，圣母见匪兵已下河，在空中忙把手中的拂尘一扬，顿时狂风怒号，护城河里万蛇涌动，一个个仰着头，口吐芯子，一齐向河中的匪兵冲去，河中的匪兵鬼哭狼嚎。见此惊心的情景，岸上的匪兵也惊呆了，匪兵师长吓得险些从马背上摔下来，忙把手中的马鞭一挥说："撤。"回转马头，领着匪兵落荒而逃。见匪兵跑了，圣母娘娘才把拂尘一挥收了法宝。顿时风平浪静，护城河里的蛇已无踪影。城上的后生小伙也大为惊奇："是姑婆来了！你们看，姑婆在那儿！"众人仰头一看，五彩云上果真是姑婆圣母娘娘，一齐跪倒感谢姑婆的解救之恩。圣母冲众人笑着点了点头，驾五彩云回身而去。正是由于姑婆圣母娘娘及时赶到施法术，法蛇锁城河，吓退匪兵，才使大坚石村人免遭一场兵燹之灾。

民国三十年，周至大地遭受了百日大旱，干得路上尘土飞扬，旱得田地裂开了大嘴，火辣辣的气流烤得人喘不过气来。在毒阳的戏谑下，田地里生气勃勃的庄稼苗一下子没了精神，一个个全蔫了下来。看到地里的庄稼苗一天天的枯黄起来，以食为天的庄稼人焦急得睡不好觉，日夜期盼着老天爷垂怜，好好下一场雨，以

索姑篇

解万民之灾。于是，千村万社的人又是拜龙王，又是组织村上属龙的童男、童女拿着擀面杖满巷子捅水道，还有人求佛拜菩萨，但求来求去没求来一丁点儿雨，火辣辣的太阳越来越毒，晒得路上的土直冒火。大坚石村的村民们猛然想起了20多年前，姑婆圣母娘娘显灵施法，法蛇锁城河，吓退数千官兵的事。于是，村上立即组织人上翠峰山去祈雨，听说去祈雨，邻村的年轻人也加入祈雨的队伍，他们敲锣打鼓浩浩荡荡一路朝翠峰山而去。他们来到山顶，向姑婆说明来意，求姑婆赐雨，拜过姑婆圣母娘娘，来到后院，见有三个大水池，池水清亮透底，甚是惊奇。有人挥刀绕池一圈，大呼道："姑婆从天池借来三池神水，尔等还不快舀，还等何时？"人们猛然醒悟，忙令接水童子把池水装入瓶内。祈雨的队伍临行前再拜过姑婆圣母娘娘，便一路下山而去。

当祈雨队伍刚进县城，城里的人就涌上街头，鸣放鞭炮迎接祈雨的队伍，县长听说祈雨的人回来了，忙率众出门迎接，看见他们就问："雨何时可到？"祈雨的人高声道："四时进门，午时就到。"送别大坚石村祈雨的队伍后，县长刚进县衙，晴朗的天空突然变了脸，乌云翻滚，雷鸣电闪，狂风大作，刚进入午时，滂沱大雨就从天而降。县长甚是惊奇，时间分秒不差，他感叹大坚石村人就是有面子，一下从姑婆圣母娘娘那里把雨求来了。为了感谢圣母娘娘的圣德，县长率县衙大小官员前往大坚石村索圣母庙敬献"福赐甘霖"大匾一面，并请来县城的大戏班，在索圣母庙前搭台唱戏3天，以谢索圣母拯救全县人民之恩。

钟馗篇

钟馗其人及传说

一、钟馗其人

钟馗者,姓钟名馗,文武全修,豹头环眼,铁面虬鬓,相貌奇异,经纶满腹,刚正不阿,不惧邪祟,待人正直。在唐玄宗登基那年即唐先天元年(公元712年)八月初四,他赴长安应试,作《瀛州待宴》五篇,被主考官誉为"奇才"。可是殿试时,奸臣卢杞竟以貌取人,迭进谗言,从而使其状元落选。钟馗一怒之下,头撞殿柱而死,震惊朝野。皇帝用状元官职殡葬。传说唐玄宗梦中见一小鬼偷了杨贵妃的紫香囊和唐明皇的玉笛,绕殿而奔,这时,大鬼捉住小鬼后把他吃了。大鬼相貌奇丑无比,头戴破纱帽,身穿蓝袍、足踏朝靴,自称是落第之人,因貌异科举不中,撞死于阶前。他对唐玄宗说:"誓与陛下除尽天下之妖孽。"唐玄宗惊醒后很快病愈,封他为"赐福镇宅圣君",令画师吴道子按照梦中所见绘成《钟馗赐福镇宅图》,诏告天下,遍悬此镇宅图以祛邪魅佑平安。

二、传说

(一)钟馗嫁妹的传说

唐朝进士钟馗有个同乡好友杜平,为人乐善好施,馈赠银两助钟馗赴试。钟馗却因面貌丑陋而被皇帝免去状元,一怒之下,他撞柱而死。跟他一同应试的杜平便将其隆重安葬。钟馗做鬼王以后,为报答杜平生前的恩义,遂亲率鬼卒于除夕时返家,将妹妹嫁给了杜平。这就是著名的"钟馗嫁妹"。

(二)唐玄奘与钟馗的故事

传说,唐贞观十三年(公元 639 年),唐太宗为取得大乘真经,遍求贤才,唐玄奘毛遂自荐:"贫僧不才,愿为陛下求取真经,祈保我王江山永固。"唐王大喜,上前将他扶起,道:"圣僧果能尽此忠贤,不怕路途遥远,朕情愿与你拜为兄弟。"玄奘叩首谢恩。唐王去寺里佛前,与玄奘拜了四拜,口称:"御弟圣僧"。玄奘感激地说:"陛下,贫僧有何德何能,敢蒙天恩眷顾如此?我这一去,定要努力,直至西天,如不到西天,不得真经,即死也不敢回国,永坠沉沦地狱。"遂在佛前燃香,以此为誓。待玄奘回到洪福寺里,众徒弟异口同声道:"师父,尝闻人言,西天路远,更多虎豹妖魔。只怕有去无回,难保性命。"玄奘道:"我已发誓,不取得真经,永坠沉沦地狱。受皇上恩宠,不得不尽忠以报国耳。终南钟馗有赐福驱魔之法,学之以用可也。"

那天夜里,玄奘披星戴月,沿白马河直奔终南钟馗故里,拜见钟馗行过大礼,道:"徒为唐王江山永固,受旨去天竺取经,途中多妖魔,拜求天师赐福驱魔大法。"礼毕,钟馗也不吝赐,如此这般教化一番,用福泉水沐浴净手后,赠护身符一个,福泉水一盏,钟馗菜三道,钟馗酒上桌后,钟馗也不相让直饮至酣然,当晚安排玄奘住于金峰寺。

(三)杨贵妃与钟馗的故事

杨玉环天生丽质,姿色超群,性格婉顺,善解人意,精通音律,尤擅歌舞,又善弹琵琶。唐玄宗见她有倾城倾国之色,于唐天宝四年(公元745年)选入宫中,封为贵妃。临潼骊山北麓华清池的"贵妃池"是杨贵妃专用的浴池,故又称"妃子汤"。

话说钟馗被唐玄宗封为"赐福镇宅圣君"后,由吴道子绘成《钟馗赐福镇宅图》悬于宫庭大内,宫内盛传"赐福镇宅,唯真钟馗""钟馗真神显,送来福禄寿禧安",为祈福佑安,杨贵妃日日虔诚膜拜,檀香氤氲缭绕。整日面对生得豹头环眼,铁面虬鬓,相貌奇异,才华横溢,满腹经纶,正气浩然,刚正不阿,待人正直的钟馗画像,贵妃不由日久生情,将钟馗视同自己唯一的知己,时常与钟馗倾诉衷肠,还为钟馗弹琵琶,跳《霓裳羽衣曲》,并设酒宴。

由于有真神钟馗相伴,杨贵妃气定神闲,无牵无挂。有一天,天降大雨,杨贵妃又君呀郎呀的祷念起来,这时但见空中一道电闪雷鸣,钟馗显身道:"皇之妃,镇钟馗,莫妄为!"贵妃幡然悔悟,跪拜谢神。自此以后,贵妃更加敬重钟馗,称钟馗为"正人真君"一心事皇,再无二心。

为了报答唐玄宗与杨贵妃的知遇之恩,后来钟馗托梦给白居易,为红颜知己写下了千古绝唱《长恨歌》。

(四)老子与钟馗故里终南山的故事

传说,当年尹喜见到紫气东来,老子骑青牛而至,便拜老子为师,辞官随老子沿秦岭终南山西行,昼行夜宿,没几日便来到将军山下,只见此处祥云缭绕,四季如春,溪流纵横,鱼翔浅底,百鸟争鸣,龙飞凤舞,牡丹竞放,泉水叮咚,真乃世外桃源,老子抬头望时,只见一巨石十分奇异,如人形,豹头环眼,铁面虬鬓,一手执剑，一手执扇，五蝠飞舞，正气浩然，不禁叹道："道可道，非常道……"后来，由弟子整理记录，世谓之《道德经》是也。

后老子与尹喜结草楼于阿福泉，马放南山，老牛坡放牛，南山不老松下讲道，发现终南捷径后清凉山讲经，楼观台炼丹，享南山之寿，是谓道教之祖庭钟馗之故里，天下福地也。

（五）钟馗斩狐的故事

传说，有只狐狸神通广大，欲偷杨贵妃所供的香囊，遣小鬼去窃。唐玄宗设宴与贵妃观舞。妃入浴，鬼偷囊；象精化秀士欲戏贵妃。钟馗显身，吃小鬼，拘象精。皇上见钟馗斩狐逐鬼有功，追赠状元，给他盖起庙宇，春秋二祭，封"赐福镇宅圣君"。

（六）钟馗护唐王的故事

一日，一妖怪来骚扰唐王未遂，钟馗便将其刺伤。唐王欲将钟馗留在身边护佑平安，钟馗向唐王献计说："只要在前院挂着我手拿镇妖宝剑的画像，妖怪就不敢来了。"一次，钟馗在与唐王对弈时，精神萎靡，原来是他的魂在与妖怪搏斗，不一会儿得胜而归。后来，人们就仿照钟馗的样子，画钟馗像悬挂在家中或院内，用来赐福镇宅。

（七）钟馗杀鬼的故事

钟馗的职责是给人们赐福镇宅，护福佑安。除夕夜，一个变成人样的鬼来请他去除妖赶鬼。他来到海边一个大户人家，在一个有5 000年道行的老恶鬼引导下，来到厢房，见到很多被他以前杀死的吊死鬼、屈死鬼、饿死鬼、淹死鬼、吝啬鬼、色鬼、酒鬼。周围许多带枪持刀的小鬼欲动手报复，老鬼已偷走了钟馗的七星宝剑，这时钟馗装作口渴向鬼们要水喝，顺势将手中攥着的朱砂化开，念动赐福驱魔大法，向鬼们一扬，使出"掌中雷"，将鬼们全都炸死了。从此，只要有钟馗在，那些恶鬼再也不敢来捣乱了，人们尊钟馗为"赐福镇宅圣君"，遍悬屋内。

（八）钟馗斩鬼的故事

钟馗被唐天子封为"赐福镇宅圣君"，亲赐七星宝剑，斩杀妖孽鬼怪。钟馗奉了唐王之命，要遍行天下，以斩妖孽。他心想："在阴间妖邪定多。"于是找到了阎王，阎王问明来意，说："阴司妖邪虽有，却都是些服毒鬼、上吊鬼、淹死鬼、饿死鬼之类，且有管束。真要斩鬼，阳间甚多。"说罢让判官将鬼簿拿给他看，钟馗一看，只见上面罗列了阳间的馋鬼、假鬼、奸鬼、轻浮鬼、色鬼、饿鬼等等。钟馗看毕，大吃一惊，说道："阴间鬼魅有十殿阎罗审理，阳间那么多鬼魅，我一个人势单力薄，如何扫除？"于是阎王派了文武双全的两个英雄，一个叫含烟，一个叫富曲，另外又派精兵3000相助，在途中收了5只蝙蝠为之引路。于是钟馗一行回到人间斩鬼逐魔，镇宅赐福，使人间万世安宁。

钟馗信仰民俗

大凡世界上有华人的地方，就有对"赐福镇宅圣君"钟馗的信仰，这种信仰在东南亚地区很普遍，在中国的陕西西安（钟馗故里）、江淮、闽南、台湾等地，这种信仰更为盛行。人们在春节、端午、开工、开盘、开地、开业、开庙、开台、谢土、乔迁、庆丰、婚寿、祈福,以及重要庆典活动时,都会悬挂钟馗画像举行傩舞,常会有艺师打扮成钟馗的模样戴傩面具,着官袍,手持蝙蝠和宝剑跳舞,有迎福纳祥,人寿丰年,祈福除邪,镇宅佑安之意。有时也有操弄钟馗木偶的表演。 在日本,钟馗的信仰非常系统,许多村子有钟馗神社,制作钟馗稻草人偶,许多瓦房上还会安置钟馗瓦,跳钟馗傩舞,挂钟馗旗幡,家中小孩房中置钟馗画像,神乐社也会表演关于钟馗的节目。

为什么人们对钟馗这么信奉？因为在人们心中,他是一年四季护佑人间福禄康宁的万应之神。由于信仰钟馗,就有了钟馗文化习俗。

唐宋时期,只要一到除夕,人们便挂钟馗像,用以避"年"。到了明清时期,民间百姓不仅在春节挂钟馗像,而且五月初五端午节也"请"钟馗对付五毒(青蛇、蜈蚣、蝎子、壁虎和蟾蜍)。五月被视为"毒月","恶月",五月初五是九毒之首,所以这一天便流传了许多驱邪消毒和避疫的特殊习俗,如插蒲子、艾叶,喝雄黄酒祭五瘟使者等,请驱鬼大神钟馗来对付五毒,那就是顺理成章的事了。

除端午节悬挂钟馗像习俗外,在钟馗故里的周边村庄,还有结婚拜钟馗的习俗。但凡有人家给儿子举办婚礼时,他们会在举行结婚仪式的前一天上午,在家中的正堂设立神位,神位安放次序是:大幅钟馗画像在上,天地神位在左下,祖先神位在右下,按"品"字型安排神位。神位设好后,立即由主家净手,焚香,设供品燃烛祭祀,并香烛不灭。

结婚仪式的当天,新媳妇接回来的第一个仪式就是拜神,由司仪主持,一对新人叩首,一拜天地;二拜祖宗;三拜高堂;夫妻对拜,礼成(拜天地时,呼一拜天地、钟馗)。钟馗神位一般于结婚仪式举行完毕的次日撤除。

拜神是婚礼上最重要的仪式之一,据传说,在这一带自古就有不拜神不成婚的习俗。其原因是,钟馗可以避邪保平安,由于嫁妹和嫁魅同音,人们认为如不拜钟馗辟邪挡煞,鬼魅就会随新媳妇一同来到新郎家里,给家庭和村庄带来灾难。

阿姑泉的由来

都说天下牡丹洛阳的最美,但户县阿姑泉的牡丹更娇艳。阿姑泉的牡丹为何这样娇艳,你想知道吗? 这话还得从女皇武则天说起。

武则天做皇帝后,一年冬天,她带着妃嫔、宫女到上苑饮酒赏雪。此时大雪刚停,突然她发现在那皑皑的雪堆里有点点燃烧跳跃的火苗。仔细一看,原来是朵朵盛开的红梅。武则天高兴极了。她想:“梅花再好毕竟是一花独放,如果能下道圣旨让这满园百花齐开岂不更好。”

武则天回到宫里,她乘着酒兴在白绢上写了一首五言诗:明朝游上苑,火速报春知,花须连夜放,莫待晓风吹。

写罢，她让宫女拿到上苑焚烧，以报花神知晓。

宫女把武则天写的五言诗拿到上苑焚烧以后，吓坏了百花仙子，大家赶快聚集在一起，共同商量对策。

桃花仙子胆子最小，瑟瑟缩缩地说："武则天心毒手狠，什么样的事都干得出来，咱们不敢违抗呀！"

有几个小花仙子也怯生生地附和着说："是呀，咱们还是早作准备，提前开放了吧！"

牡丹仙子不同意她们的意见，气愤地说："武则天也太霸道了，你管人间的事，如今竟管起我们来了，这百花开放各有节令，开天辟地四季循从，岂容她逆天乱地！姐妹们，咱们不能从！"

众花仙听牡丹仙子这么一说，都觉得句句在理，可一想武则天的残暴又都犹豫起来了。

桃花仙子哀求牡丹仙子说："好姐姐，你听我的话，咱们还是顺从了吧。武则天杀人如踩死个蚂蚁，何况咱们这些娇弱的花体呢？"

不少仙子接着说："姐姐，开也是这一次，不然会大祸临头的。"

牡丹仙子倔强地说："违心的事一次也不能干，只要咱们骨硬志坚，看她能奈我何？"

这时已鼓打四更，天快亮了，众花仙看牡丹仙子的决心已下，只好匆匆散去，各自去准备了。

第二天早上，上苑的很多花开放了。武则天大喜，想想昨晚写的诗只不过是酒后戏言，没想到百花真的奉旨开放了。她急忙走出皇宫来到上苑。举目望去，桃花、李花、玉兰、海棠、芙蓉、丁香等全部开放了，一丛丛，一簇簇，绚丽多彩，争芳斗艳。灿烂的朝霞映着花朵,皎洁的白雪衬着绿叶,随风摇曳,时俯时仰,婀娜多姿,妩媚动人。这时,满朝文武百官纷纷跑来观看。武则天面对众卿,得意忘形,迈着大步朝一片光枝秃杈的牡丹走去。她一看花丛中唯有牡丹未放,一股怒火油然而生。心想:"这还了得!君言不从,我还如何临朝执政?况且对着这些文武百官,岂不有失脸面?"她越想越恼火,破口大骂:"大胆牡丹!竟敢如此放肆,抗旨不开。放火焚烧,一株不留!"说罢,愤然离去。

武士们领旨后,马上点柴引火,扔入牡丹丛中。霎时,浓烟滚滚,烈焰熊熊,烧得牡丹噼里啪啦乱响。牡丹仙子看着一片牡丹将毁于一旦,禁不住滴滴泪垂,悲愤万分。

正当午时,大火燃尽,牡丹花圃化成一片焦灰。内侍禀报武则天:"启禀万岁,牡丹已焚烧成灰。"

武则天怒气未消,恶狠狠地说:"连根铲除,贬出长安,扔到洛阳邙山,让它断种绝代!"

武则天为什么要把牡丹贬到洛阳邙山呢?原来她常去洛阳,到过邙山。她知道那里沟壑交错,偏僻凄凉,好让牡丹在那孤苦受罪,以解她心头之恨。

武士们又马上挥起铁锹,把牡丹连根掘出,连夜装车送往洛阳,扔到了邙山岭上。

观世音得知牡丹仙子遇难的事后,忙拿上净瓶赶往洛阳邙山岭上。从净瓶中拿出杨柳枝轻轻一洒,山岭上入土的焦牡丹就扎下了根。来年春天,满山翠绿。邙山的人很早就喜欢牡丹,家家移种,户户育植。后来城里人听说了,也纷纷跑来移栽。

牡丹在洛阳繁殖盛开了,因为这种牡丹在烈火中骨焦心刚,

终南山传奇

矢志不移，人们赞它为"焦骨牡丹"。后来经过洛阳人的精心培育，花儿更红更艳了，所以后人起名叫"洛阳红"。

再来说说阿姑泉牡丹的来历，要知阿姑泉牡丹的来历，就先得从阿姑说起。

阿姑家住户县南山欢乐谷。

阿姑出生在村中一个有钱人家，因长相和家姑一样俊秀，母亲就给她取了个阿姑的名字。村中有个小伙子，因相貌丑，村人都管他叫阿丑。阿丑从小就给人家放牛。人常说："人穷志短。"这话也不全尽然，虽然说阿丑家里穷，但他的心气儿却不低，放牛时，常到村头学堂去偷听先生讲课，学堂里的先生见他聪明好学，就让他到学堂里来听课。由于他勤奋刻苦，没几年工夫就熟读了"四书""五经"，成为村中大有学问的人。

阿丑在学堂认识了富家小姐阿姑，阿丑像大哥哥待小妹妹一样，处处护着阿姑，阿姑对阿丑的呵护也很感激，阿丑对阿姑虽然说没有非分之想，但也有几分暗恋之心，就差捅破那窗户纸了。就在这当儿，朝廷来选美，一直在做当官梦的阿姑爸看到了希望，他不顾妻子的反对，就把女儿阿姑献了出去，阿姑不愿进宫，因为村中有爱她的阿丑哥，但由于皇命难违，只好一步三回头地随着皇差上了路。

阿姑进宫后不久，皇上驾崩，皇后武则天废唐为周，做了大周女皇帝，由于阿姑聪明、机敏，便做了宫中一名女官。但皇宫里的勾心斗角、尔虞我诈使她生厌，虽然说身在皇宫，但心却向往家乡，她还惦记着她心中那个阿丑哥。

当阿姑看到武皇令武士焚烧牡丹时，便做出了一个大胆的决定：拯救牡丹。阿姑趁人不备，从刨出的焦根堆中捡出一包烧焦的牡丹根藏了起来。她买通了武士长官，换上了武士的服装，骑着马，带着牡丹根，跟随着押解焦牡丹根的武士混出了皇城，出城后，她不敢怠慢，快马加鞭，一路向家乡方向奔去。

傍晚时分，阿姑回到了魂牵梦萦的家乡——户县南山欢乐谷，刚想催马进村时，心里猛然咯噔了一下，又忙拉住了马的缰绳，因为她想到自己的这身打扮一定会吓到村上人的。再说，自己是偷偷跑出皇宫的，要是万一走漏风声，村上人一定会受到连累。于是，她调转马头绕村而过，一路策马上了村南坡梁。

村南坡梁是阿姑最熟悉和开心的地方，虽然说10多年再没去过那里，但那里的条条小道都留下了她和阿丑的脚印，坡梁上的景象至今历历在目，挥之不去。每当春暖花开时，梁上蜂飞蝶舞，花香诱人。梁顶上有一座小尼姑庵，小时候，母亲常带着她到那小尼姑庵去拜菩萨，这里也是她和阿丑一起玩耍的地方。但当她登上坡梁时，眼前的景象却让她一时愕然，绿茵茵的山坡怎么变得光秃秃的，只有那座小尼姑庵歪斜着身子孤零零地站在那里。阿姑叹息了一声，下马一路向那小尼姑庵走去。老师太见一武士打扮的人进入庵院，吓得手忙脚乱，不知所措。

"这不是干娘李师太吗？"阿姑眼尖，一进庵院就认出了眼前这个人，见老师太愕然，忙一把摘下武士冠，一头秀发披了下来，现出了女儿身，上前一把拽住老师太的手说："干娘，我是坡下的阿姑呀！""你是阿姑？你不是进宫了吗？怎么……"阿姑冲老师太苦笑了一下，便把自己乔装打扮出宫的事向老师太叙说了一遍。听了阿姑的叙说，老师太甚是感动，并答应愿帮阿姑拯救被武皇烧坏的牡丹。

夜里，老师太向阿姑诉说了她走后的变故。

原来就在她进宫后的第二年，突然大队官兵来剿山，说是山梁上藏有叛臣贼子，于是官兵一把火就把这坡梁烧成了一片焦土。更让阿姑悲伤的是，她的阿丑哥进京会考落第，撞殿柱而死。这烧焦的坡梁，这烧焦的牡丹根，还有撞殿柱而死的阿丑哥，这些都是武皇造的孽，想起这些，更加坚定了阿姑拯救牡丹的信念和决心。

第二天，阿姑和干娘老师太就早早起来，到坡前刨石取土，把一株株焦牡丹根栽在土坑里，栽完毕后，阿姑和老师太又从坡下一桶一桶抬水上坡梁，一窝一窝地点浇。

转眼冬去春来，万物复苏。坡梁下的柳条儿吐出了嫩绿的小芽，路边的小草也睁开惺忪的睡眼，探出了鹅黄的小脑袋。但是，坡梁上的牡丹却没有一点儿信息。又过了半个多月，坡梁下已是百花吐蕊、春意盎然，但坡梁上还是没有一点生气。这下可急坏了阿姑和老师太，她俩茶不思，饭不想，连晚上睡觉也不安稳。

"阿姑，我是钟馗，你阿丑哥是也。我已做了鬼王，一切安好，不必挂念。你出宫的事，我已知晓。武皇淫威，有违四季节令循从，人神共愤。我从百花仙子那里知道你为了拯救牡丹仙子乔装出宫，你的侠义之举人神共鉴，可敬可佩。我今特来助你一臂之力，共同拯救牡丹仙子。南山坡梁一片焦土，本无生机，非得神泉水救治，我已向龙王借得东海神泉水，现已通坡梁下，你只需在坡梁东、西、中各掘一大土坑即可。"言毕，那自称是阿丑的人飘然而去。

"阿丑哥……"阿姑一骨碌翻身坐起，梦醒愕然，梦中那人说是阿丑哥，怎么阿丑哥头戴乌纱，身穿蓝官袍呢？阿姑把梦中的事说与老师太听，说来也巧，老师太也做了同样的梦。于是，她们就按梦中那人所言，在坡梁东、西、中各刨一土坑，坑成水到，一股清泉奔涌而出。一夜工夫，坡梁上满眼葱绿，一窝窝牡丹冒出了新芽，阿姑和老师太忙跪倒拜谢阿丑哥和东海龙王拯救之恩。

南山坡梁上，因有了阿姑才有了生机，坡梁上的牡丹因有了阿姑泉水，才枝叶繁茂花朵娇艳、华贵。

阿姑和老师太拯救了牡丹仙子，牡丹仙子甚是感激，她把阿姑拯救自己的事禀告王母，王母很感动，命百花仙子去南山坡梁把阿姑和老师太接到瑶池，并封阿姑和老师太为天宫的护花仙子。

为了让后人永记阿姑的功绩，村以阿姑为名，这就有了阿姑泉这个村名。

人间万应之神

钟馗是人们最熟悉的神灵，也是传统诸神中唯一的万应之神，他有着多种角色。

上了年画是门神；手拿元宝是财神、禄神；怀抱小儿是送子神；手拿毛笔是文神；手拿兵器是武神；手拿医书是药王神；置于家中是镇宅护福之神；端午悬挂就是斩五毒的天师之神。

归纳起来，钟馗为："福、禄、寿、禧、判、子、妹、文、武、财、酒、门、花、天"等神祇。

福——福神、福星

禄——禄神

寿——寿神、寿星

禧——喜神、吉星

判——神判、判子、判儿、火判、钱判、托钱判、正直神、阴阳判

子——送子神、判儿、判子

妹——姐妹保护神

文——文曲星、文魁、文圣

武——武魁、武圣

财——财神、钱判、托钱判

酒——酒神、酒圣

门——门神

花——石榴花神

天——天师

说起石榴花神，这里还有一段美丽的神话传说。

钟馗生前性情暴烈、正直，死后更是发誓除尽天下妖魔鬼怪。其嫉恶如仇火一样的性格，恰如石榴迎火而出的刚烈性情，因此，大家就把能驱鬼除恶的钟馗视为石榴花的花神。

清人李汝珍在《镜花缘》中说："武则天命即将石榴200株送至东海郡，传谕兵部，解交武八爷查收。此花后来送至东海郡，附近流传，莫不保护。"其实这其中蹊跷的是钟馗这个石榴花神。那年武则天微服私访，遭到了埋伏，穷途末路行至一个结满火红的石榴的山坡上，突然发现前方有一名男子（钟馗），穿着红色的衣服，武则天在慌忙之中稍有防备之心，在随从的护卫下，急速地行

走。只见那红衣男子拿出一把剑，高声喝到："大胆狂徒，哪里走？"声到剑到，三下五除二就把尾随武则天身后的刺客全部撂倒了。武则天这回绷紧的心放了下来，见其容颜俊美，心中不免欣喜，于是掩饰自己的王者霸气，以一种妩媚小女性的身份与其攀谈。而钟馗虽然刚烈，但是在一个熟稔男性之道的武则天石榴裙下还是败下了阵。在度过了几日的浓情之后，武则天欲让其与自己一同回宫，而钟馗深知自己只是一个石榴花神，于是道出了其难处，并且说明自己会在一天之后再次幻化成石榴。每年他只能有几个月的时间可以现出人形。果真，在一天之后，钟馗消失了。武则天相信了钟馗的话，于是，把这山坡上的 200 株树全部移至自己的后花园，所以每年钟馗都可以与武则天厮守相当长的一段时间。

此后，武则天另有新欢，嫌钟馗在宫中碍眼，便下令将后花园的 200 株石榴树全部送至东海郡，借口赐给侄儿武三思来远离钟馗。

钟馗知道武则天是个喜新厌旧，且没有情义的淫荡女人，既然情尽了就随缘吧，于是他甘于接受这个安排，从此又开始了他的游荡生活，到处行侠仗义。

洞

宾

篇

吕洞宾其人

吕洞宾,名嵒(一作岩),以字行,号纯阳子,相传为京兆(今西安)人,一作河中府(今山西永济)人。他出生于世代官宦之家,祖辈都做过隋唐官吏,会昌中,两举进士不第,浪游江湖,遇钟离权授以丹诀,曾隐居终南山等地修道。

相传,吕洞宾与妻子一起来到九峰山修行,他和妻子各居一洞,相对可望,遂改名为吕洞宾。"吕",指他们夫妇两口,两口为吕;"洞",是居住的山洞。"宾",即告诉人们自己是山洞里的宾客。民间传说他在修炼过程中,巧遇仙人钟离权,拜之为师。修炼成功之后,下山云游四方,为百姓解除疾病,从不要任何报酬。吕洞宾一生乐善好施,扶危济困,深得百姓敬仰。他死后,家乡百姓为他修建了"吕公祠",以示纪念。到了金代,因吕洞宾信奉道教,于是将"祠"改成了"观"。元朝初年,忽必烈知道吕洞宾信奉的道教在群众中颇为流传,就想利用宗教和吕洞宾的声望巩固自己的统治,派丘处机管理道教,拆毁"吕公观",大兴土木,修建了"永乐宫"。从修建大殿到绘完几座殿堂的壁画历时110年,几乎与整个元朝共始终。

吕洞宾的故事在民间长期流传,民间流传的吕洞宾传说有三个显著特点:一是儒、道交融。吕洞宾修习方术,得道成仙,这是道教出世思想。他成仙之后则要"度尽天下众生",这又体现了儒家"兼济天下"的入世思想。从吕洞宾传说中可看到山西民间信仰中文化融合的印迹;二是不断增加世俗化内容。如吕洞宾时常出现于酒楼、茶馆、饭铺等地，走后留下仙迹。他放荡形骸、不拘小节，为人们所熟知，这些世俗生活内容，使吕洞宾这位仙人更富有人情味，赢得了百姓的喜爱；三是与文人传说相结合。吕洞宾修行出走之前的儒者经历，以及他饮酒、赋诗，追求山林的情趣更适应了中下层文人的口味。这些故事符合许多文人传说因素，使他同时成为失意知识分子形象的代表。吕洞宾传说的这些特点是在长期流传的过程中逐渐形成的，是多种文化现象的积淀，使得这类传说的研究意义更为深远。

狗咬吕洞宾

吕洞宾成仙得道之前，原是个读书人。他的好友中有个叫苟杳的人，苟杳父母双亡，家境贫寒，但为人忠厚，读书勤奋。吕洞宾很赏识他，与他结拜为金兰之好，并请他到自己家中居住，希望他能刻苦读书，以后能有出头之日。

一天，吕洞宾家来了一位姓林的客人，见苟杳一表人才，便对吕洞宾说想把妹妹许配给苟杳。吕洞宾深怕苟杳贪恋床第之欢误了锦绣前程，连忙推托。没料到，苟杳本人听说林家小姐貌美，执意要应允这门亲事。吕洞宾思索良久同意了。他对苟杳说："贤弟既然主意已定，我不阻拦，不过成亲之后，我要先陪新娘子睡三夜。"苟杳听了大吃一惊，但是，寄人篱下怎能不低头，再说，结婚的一切花费都得仰仗吕家，思前想后，还是咬牙答应了。苟杳成亲这天，吕洞宾喜气洋洋，跑前跑后张罗一切，而苟杳却无脸见人，干脆躲到一边。到了晚上，送走了宾客，吕洞宾进了洞房，只见新娘子头盖红纱，倚床而坐，吕洞宾不去掀那红盖头，也不说话，只管坐在灯下埋头读书。林小姐等到半夜见丈夫还是不上床，只好自己和衣睡下了，天明醒来，丈夫早已不见，一连三晚都是这样，可气坏了林小姐。苟杳好不容易熬过了三夜，刚进洞房，娘子便低头哭着说："郎君为何一连三夜都不上床同眠，只顾对灯读书，天黑而来，天明而去？"这一问，问得苟杳目瞪口呆。新娘抬起头来一看，更是莫名其妙，怎么丈夫换了个人？半天，夫妻俩才恍然大悟。苟杳双脚一跺，仰天大笑："原来哥哥怕我贪欢忘了读书，用此法来激励我啊！"林小姐也是心中欢喜，对吕洞宾充满了敬意。夫妻俩都说："吕兄此恩将来一定要报答。"

几年后，苟杳果然金榜题名，做了大官，夫妻俩与吕洞宾一家洒泪而别。一晃8年过去了，这年夏天，吕家不慎失火，偌大的一份家产化为灰烬。吕洞宾和妻子只好在残砖破瓦搭就的屋子里寄身，不用说，日子过得是够艰难的。吕洞宾只好出门去找苟杳帮忙，一路上历尽千辛万苦终于找到了苟杳府。苟杳对吕洞宾家遭大火一事非常同情，热情接待了他，可就是不提帮忙的事。吕洞宾一住几个月，一点银子也没拿到，他仰天长叹："人情薄如纸，一阔脸就变，滔滔然天下皆是也！"一气之下，不辞而别。

回到家乡，吕洞宾远远就见自家的破房子换成了新房子，大为诧异，自己远离，子幼妻弱，怎能大兴土木？等他走近家门时更是大惊，大门两旁竟贴了白纸，家里好像有人去世了，他慌忙进屋，见屋里停着一口棺材，妻子披麻戴孝，正在号啕大哭。吕洞宾愣了半天："她为谁戴孝？"轻轻叫了一声："娘子。"娘子回头一看，惊恐万状,颤抖着叫道:"你,你是人还是鬼?"吕洞宾更觉诧异:"娘子怎出此言?我好好地回来了,如何是鬼?"娘子端详了半天,才敢相信真是吕洞宾回来了,说:"哎呀,当真吓死我了!这不会是在梦中吧?"原来,吕洞宾离家不久,就有一帮人来帮他盖房子,盖完了房子就走了。前天中午,又有一帮人抬来一口棺材,说是吕洞宾在苟杳家病死了,就让人送了回来。妻子一听,天塌地陷,哭得死去活来。今天正哭着,不想吕洞宾竟回来了。吕洞宾心里明白,这都是苟杳玩的把戏。一气之下,他操起一把利斧,狠劈棺材。咔嚓一声,棺材劈开了,里面竟全是金银财宝,还有一封信。吕洞宾展开信读道:"苟杳不是负心郎,路送金银家盖房。你让我妻守空房,我让你妻哭断肠。"吕洞宾如梦初醒,苦笑一声:"贤弟,你这一帮,可帮得我好苦啊!"

从此,吕、苟两家倍加亲近。这就是俗话常说的"苟杳吕洞宾,不识好人心",因为"苟杳"与"狗咬"同音,传来传去竟成了"狗咬吕洞宾,不识好人心"。

狗咬吕洞宾的传说,另有一说:

八仙中故事流传得最多的就是吕洞宾,像"狗咬吕洞宾,不识好人心",讲的就是吕洞宾当年修炼中的一件事。话说有一次,吕洞宾在今南昌碰到了一件怪事,当地王员外家的小姐,才貌双全,金枝玉叶,不知怎么被一个妖物看中了,天天在小姐房中待着,逼小姐成婚,王员外的管家只好前去报国禅寺聘请高僧除妖,吕洞宾也义愤填膺,一同前往。报国禅寺的住持让知圆前去帮他们降妖,临行前,住持对他们耳提面命:"你们此去需得小心,那妖乃是二郎神身边的哮天犬私自下凡,但不必害它性命。因它追随二郎立有许多功劳,罪不至死。你们若将它杀死,不但二郎神对付不过,而且来生又会结下冤孽。吕洞宾可以一起去,顺便也了结一件你以前的孽案。"

回到家中后,他们一起到了小姐的房外,报国禅寺的知圆和尚就拿出一幅布画,吩咐吕洞宾说:"将此画挂在门上,一看见哮天犬冲进画中,就速将此画收起,它的骨骸都会变成灰烬的。"洞宾忙道:"方才住持吩咐过了,让留住它的性命。"知圆说:"既来除妖,便该除干净才是!"

于是知圆便仗剑作法,打那哮天犬。犬中了剑,大嚎一声,往门外跑去。到了门口一看,前面有一片美丽的园林,它哪知道,这个园林就是引诱它上钩的幻境,哮天犬一头就钻了进去,吕洞宾便慌忙把画卷起,卷到一半儿的时候,心中猛地想起住持的话,忙又将画摊开,这时,忽然从画里跳出一只恶犬,将吕洞宾猛咬了一口,洞宾啊呀一声便向后倒下。这便是世间所流传的"狗咬吕洞宾,不识好人心"的故事。

闻仙沟的来历

在"说经台"南面,有一座山峰叫炼丹峰,峰上有一个砖砌的炼丹炉,传说是太上老君当年炼金丹的地方。在炼丹峰的左侧有一个花木葱茏、秀逸幽深的山沟,这个山沟名叫"闻仙沟"。沟口有一个洞,名叫"吕祖洞",据说是吕洞宾当年修道成仙的地方。

要知闻仙沟缘何而得此名,这还得从陈抟老祖说起。但凡上过华山的人都会知道山上有个下棋亭，传说陈抟得道后，为了讨封，与赵匡胤在此打赌下棋，三盘棋赢了华山，并讨得了"活神仙"封号。华阴和华州两县是陈抟的封地，因而华阴县令王魁和陈抟很要好。听人说吕洞宾在终南山修炼，王魁就邀陈抟一起前往。于是，陈抟就陪王魁一同来到道教张本之地——楼观，他们瞻拜了说经台，又漫步于丛林，后来便进了如今的闻仙沟。他们一边欣赏着优美的景色，一边愉快地聊天。

他们正走着，一个道士打扮的出家人带着一个童子走了过来，那道士一见陈抟老祖，忙热情地打招呼。两人谈玄说妙，非常投机。王县令不通道家精奥，如听天书，只好站在一旁。他们谈了一会儿后，那道士取出三枚枣，两红一青，他自食一枚红的，送给陈抟一枚红的，而将那颗青的送给王县令。王县令接枣在手，心中好不气恼，心想："我乃堂堂一个县令，民之父母，这个老道见了我不打躬磕头已属不敬，给一颗枣已够小气，更何况还是一枚青的，真是岂有此理！"当时便想将那颗青枣弃置地上，只是觉得那样做有碍陈抟的面子。道士身边的童子见状，求王县令说："大人既不爱食此物，那就赏给小人一饱口福。"王县令便做了个顺水人情，那童子接过枣连忙称谢，随即一口吞下。他们又说了一会儿话，然后那道士躬身叩首，说还有别的事，便分手了。

道士走后，王县令不高兴地问："刚才那人是谁？"陈抟诧异地说："你不认识他？"王县令说："真不认识。"陈抟说："他就是你要找的吕岩，得道成仙的吕洞宾呀！"王县令闻言，顿足失声："那你怎么不早说！不过，他也太瞧不起人了！"陈抟哈哈大笑："我还以为你认识他呢，就怪你肉眼凡胎错失仙缘，你以为那是几颗普通的枣吗？不是，他是刚从瑶池西王母那儿赴罢蟠桃宴带的枣，名叫'火枣'，是天上之物，吃了可延年益寿，长生不老！"王县令听罢，连声长叹，懊悔不已，暗暗抱怨自己刚才妄自尊大，拿腔作势，以致错过良机。他对陈抟说："麻烦你告诉他，明日我要再睹仙颜，一慰平生。"陈抟见他语意恳切，便说："好吧，你明天再来。"

第二天，王县令早早来了，进了沟口，急急忙忙往里走，累得满头大汗。当他走到一个山坡时，看见一个农妇和一个小孩正在赶路，也没在意。等他碰见陈抟时，忙问："吕仙人来了没有？"陈抟诧异地说："怎么，你没见到他？"王县令说："没有呀！"陈抟问他路上可曾看见什么，王县令便把遇见农妇和小孩的事说了。陈抟叹息道："那就是他化的，你看，一个农妇一个孩子不是两口人嘛，两个口字不就是个'吕'字嘛。"王县令听他这一讲，只好怪自己粗心，悔恨不已。他再一次求陈抟给吕仙人说情，让自己再见一面。陈抟不好推托，便约定王县令明日再来。

这天，王县令起得特别早，等他到沟口时，天色才蒙蒙亮。他三步并作两步往沟里走。过一道小溪时，他看见一个老人赶着一群羊过小溪，这群羊全是白色的，毛纯得很，没有半根杂色的。老人赶这只过去，那只又跑过来，累得老人满面汗水，气得老人脾气大发，怒不可遏。王县令本想问他有没有看到吕仙人，可见他怒气冲冲的样子，也不好意思开口，迟疑了一下，便匆匆前行了。等到见了陈抟，陈抟老祖问他："今天见到吕仙人了吗？"王县令只是摇头。陈抟又问他路上碰见什么没有，他便把老人赶一群纯白色的羊过小溪的事说了一遍，陈抟仰天长叹："你又错过机会了，老者赶纯白色的羊,不是'纯阳'么?那是吕仙人的道号嘛!事不过三,怨你无缘,我再不好意思向他开口了,仙人都不可能随便现出真身的。"王县令悔恨交集,只好惆怅而归。

由于有这个只闻仙人名难见仙人面的故事,后来这沟便有了"闻仙沟"的大名,这大名便流传至今。

吕洞宾戏牡丹

相传,吕洞宾云游天下,来到山色奇秀,号称"金庭洞天"的终南山,发现大地抖动,房屋倒塌,九峰欲崩。他定睛一看,原来是一只穿山甲在作怪。吕洞宾气恼之下,迅速召集各路山神,共商擒拿穿山甲拯救百姓的大计。众山神纷纷说:"此怪有5 000年的道行,炼就了翻山倒海之术,我们敌不过它,望大仙禀告玉帝,速派天兵天将捉拿此怪,拯救百姓,保护山林。"吕洞宾嘿嘿一笑说:"一个小小的穿山甲作怪,不必惊动天兵天将,我一个人就可以制服它了。"众山神一齐称谢离去。

众山神走后,吕洞宾暗想:"此妖怪妖术厉害,我怎能降服了它?也是我一时说出大话,如若不把此妖镇住,众山神岂不讥笑于我!这……"吕洞宾正在沉思之际,太白金星对吕洞宾说:"要想降服穿山甲,非用定山神针不可,这神针乃王母娘娘头上一根玉簪,若能借得,便可成功。"吕洞宾说:"那怎么能行啊,玉簪本是王母娘娘心爱之物,恐怕谁也借不出来。"太白金星道:"此事并不难,王母娘娘身边有一名贴身侍女,叫牡丹,牡丹早有思凡之意,

洞宾篇

你若能打动她的心，此事定能办妥。"

次日，王母娘娘在西天瑶台举行蟠桃盛会，请各路大仙赴宴。吕洞宾和太白金星驾起祥云，同赴蟠桃会。

蟠桃会上，琴声悠扬，舞姿翩翩。各路大仙畅怀痛饮，酒过三巡，菜上五道，王母娘娘就命侍女牡丹仙子给各路大仙斟酒。当牡丹仙子给吕洞宾斟酒时，太白金星用胳膊将吕洞宾碰了一下，吕洞宾心知此意，于是趁接酒杯之机，将牡丹仙子的手轻轻地捏了一下，牡丹仙子心一动，不觉脸上一红，低着头退了下去。

过了一会儿，王母娘娘又命牡丹仙子给大仙赠蟠桃。牡丹仙子迟疑着来到吕洞宾面前，太白金星用脚尖踢了踢吕洞宾，吕洞宾就在取蟠桃时，将桃盘重重地往下一按，牡丹仙子手腕一软，羞得面如桃花。她低着头，顺后门向瑶池边急急走去，吕洞宾紧跟而去。

牡丹仙子径直走到瑶池边，两眼凝视着池边开放的牡丹花沉思起来，吕洞宾悄悄地站在牡丹仙子背后，轻声说："牡丹仙子，你在赏花吗？"

牡丹仙子回头一看，见是吕洞宾，急忙拂袖掩面说："你，你可知晓仙规？"吕洞宾嘿嘿一笑，说："我不但知晓仙规，而且还能看透你的心思。"

牡丹仙子摇了摇头，吕洞宾上前几步说："你很羡慕人间，是吗？"牡丹仙子又慢慢地低下了头，吕洞宾充满感情地说："人间真美好啊，山清水秀，鸟语花香。我在人间云游各地，见过不少名山大川，风光园林，像苏杭美景，泰山奇峰，蓬莱仙境，曹州牡丹等,真是美不胜收,要胜过天堂数十倍。"

牡丹仙子慢慢地抬起头,轻轻地问:"真的吗?"吕洞宾用手一指,说:"仙子,你往那里看,有一对年轻夫妇,他们在快乐地耕地撒种。你再往那边看,那是一对情人正在园里赏花。"吕洞宾回头一看,见牡丹仙子还站在那儿呆望着那一对情人,于是说:"仙子,假如不去享受一番人间的幸福真是最大的憾事啊。"

牡丹仙子有些迟疑地说:"要想下凡,谈何容易。仙规如此森严,怎么能如愿以偿呢?"

吕洞宾微微一笑,说:"仙子,你若有此意,我愿助一臂之力。"

牡丹仙子脸一红,羞答答地说:"是真的吗?"

吕洞宾说:"真的。不过,我也要请你帮个忙。"

牡丹仙子说:"我能帮你做什么呢?"

"王母娘娘头上的玉簪,借我一用。"

"哎呀,这哪行呀?玉簪是王母娘娘的心爱之物,谁也借不得。"牡丹仙子为难地说。

吕洞宾上前几步说:"请你往这儿看。"牡丹仙子透过云层,只见终南山一带,到处是房倒屋塌,男哭女嚎,一片凄凉景象。

牡丹仙子急忙闭上眼睛说:"哎呀,百姓真是太可怜了。"

吕洞宾说:"这终南山一带,过去山河秀丽,林茂粮丰,只因这穿山甲作怪,才使这里变成如此惨景,我想借王母娘娘玉簪,除掉这作怪的穿山甲。"

牡丹仙子焦急地说:"我愿帮忙,可是……"

吕洞宾见牡丹仙子答应帮忙,不胜欢喜。他如此这般地嘱咐了一番,又将一只假玉簪交给了牡丹仙子。

次日清晨,牡丹仙子给王母娘娘梳头时趁机将玉簪偷换下来,交给了吕洞宾。

吕洞宾带着定山神针,来到终南山,很快就把那作恶多端的穿山甲擒住了。

吕洞宾惩处了穿山甲之后,就和太白金星一同赶往西天瑶台归还定山神针,并请求王母娘娘宽恕牡丹仙子盗玉簪之罪。

王母娘娘得知此事后,又喜又惊又气,说:"虽说为民除害应该嘉奖,但牡丹仙子常在身边,竟如此目无我的尊严,天规难容!"王母娘娘见二位大仙讲情,便说:"看在二位大仙的面上,免牡丹一死,但要赶出天宫,降为凡人!"

就这样,终南山的人们又过上了安逸的生活,牡丹仙子也实现了她的愿望。

后来,人们把吕洞宾戏牡丹为民除害的故事作为美谈,直到今天。

吕洞宾戏牡丹的故事,另有一说:

相传,在元朝初,有一年,终南山说经台下的村子为给太上老君庆贺神诞,请来大戏班助兴演出,杂耍的,唱小曲的也来赶场子,会上人头攒动,熙熙攘攘,热闹非凡。吕洞宾不甘寂寞,忙出洞府,化作一位公子,来到台下看热闹,正行走间,见一如花美女飘然而过,吕洞宾心旌摇摆,心想:"此女飘然出尘,自有三分仙气,娶之大有益处。"于是上前去搭讪。"何处色仙,如此无礼!"那女子抬手就给了吕洞宾一记大耳光,狠狠地瞪了一眼,便拂袖而去。

吕洞宾一时傻了眼,回过神来忙掐指一算,大叫:"不好。"

原来这女子竟是王母娘娘身边的侍女牡丹仙子,她正要去给太上老君送贺礼。

正如吕洞宾掐算的,那如花美女就是瑶池王母身边的牡丹仙子。牡丹仙子受王母之命,去请太上老君商议蟠桃盛会的事,守宫童子说:"下界终南山说经台下的人为师父庆贺神诞,师父骑着他的青牛到终南山说经台去了。"牡丹仙子听说太上老君不在,便回瑶池向王母回了话。听说太上老君神诞到了,王母特意备了一份厚礼,让牡丹仙子送去。牡丹仙子受命后没敢停留,带上贺礼出了南天门,驾着五彩云一路向终南山赶去。

正行间,见几簇祥云飘然而来,来者是观音菩萨和几位大仙。观音菩萨一见牡丹仙子愕然问道:"哦,这不是牡丹仙子吗? 你这是要到哪里去? "见问,牡丹仙子忙说:"王母让我到终南山说经台给太上老君送贺礼去。你们这是到……"听了牡丹仙子的话,与观世音菩萨同行的福、禄、寿等大仙笑着同声道:"好,好,好,我们也是前往终南山说经台的,牡丹仙子咱们一同前往吧。""好,一同前往。"

牡丹仙子和大仙们脚踩五彩云团,一路来到终南山说经台,按住云头向下一看,果然见说经台上下一片热闹景象,众仙落下云头,来到说经台,守门童子一见忙向里禀报,听说是观世音菩萨和王母使者来到,太上老君忙率众仙出门相迎,牡丹仙子向太上老君送上王母的贺礼。太上老君让童子做向导,带牡丹仙子到台下去领略仙都的风采。于是,就出现了前面牡丹仙子被吕洞宾戏弄的一幕。

受辱后的牡丹仙子给了吕洞宾一记耳光,再没有心思闲逛,辞别童子,驾起五彩云回瑶池了。

回到瑶池,牡丹仙子向王母诉说了受辱的事,王母一听凤目圆瞪,忙吩咐身边千里眼去查看是何方狂徒如此无礼。千里眼领命来到南天门,往下界一看,一下就锁定了吕洞宾,忙回瑶池向王母禀报吕洞宾在下界的风流韵事,王母早就有所耳闻,说道:"又是那个风流色仙吕洞宾!"王母勃然大怒,"好你个吕洞宾,你以为你是不受天庭管制无约束的散仙我就拿你没办法吗?你色胆包天,竟敢戏弄我身边的仙子,今日看我怎么收拾你!"王母忙召来雷公和电母,吩咐他们前往终南山说经台,用雷电消去吕洞宾的仙根。雷公和电母与吕洞宾本有交情,但圣命难违,只好领命到终南山说经台去吓唬吓唬吕洞宾,给他个小小的教训,也算是尽了朋友之情。

二仙驾云来到终南山说经台,往下一看,见吕洞宾傻愣愣地站在那里,忙把长袖一甩,施起法来……

霎时,晴朗的天空突然变了脸,乌云翻滚,雷鸣电闪,轰隆隆的雷声直奔吕洞宾而来。吕洞宾知道这是王母娘娘派雷公、电母来惩治他,吓得他撒腿就往说经台上跑,原本想让太上老君庇护,刚上台阶,一个炸雷劈了下来,封住了上台的路,回身,见院中银杏树下站着一个书生,欲上前往书生身后躲藏,这时一个炸雷嘎巴响起,惊得书生一下张大了嘴巴,吕洞宾见状,忙化作一只小蜜蜂,嗖的一下飞进了书生口里,二仙见吕洞宾钻进书生口里,相互对视,会意地笑着点了点头,收起云头,回去向王母娘娘复命去了。

书生帮吕洞宾躲过了一劫,为报书生救命之恩,吕洞宾便点化书生进京会试。后来，书生金榜题名，传说这书生就是双手能写梅花篆字的高文举。

民间还有吕洞宾三戏白牡丹之说：

相传，吕洞宾下凡游玩，化作卖药青年，摆摊于号称天下之药无所不备的万全堂药店前，洞宾有意戏弄店主，索求妙药数种，令店主哑口无言，店主人白翁的女儿白牡丹出来与之交涉，二人一见钟情，却又互相戏弄，牡丹拜百草山黄龙真人为师，却不知黄龙实属妖道，专欺骗无知妇女，吕洞宾试图救牡丹，但她生性刁蛮，不懂洞宾惜玉怜香之心，洞宾故意戏弄使其屈服，再施法术变出园林仙境，二人花前月下，最后缔结连理，吕洞宾自知久恋红尘，恐仙界不满，故暂与牡丹分离，相约10日后相会。蓝采和知吕洞宾之事，尽告众仙，铁拐李与何仙姑遂化成乞丐寻至白家，见牡丹果有仙缘，赐下隐身草以防不测。一天，白翁催女儿拜见黄龙，黄龙施以暴行，幸而牡丹利用隐身草逃脱。黄龙率领众恶徒追至白家，与吕洞宾相斗之时，黄龙应雷声倒地，露出巨蛇原形，众仙驾云即至，将黄龙押回天庭问罪，吕洞宾亦于此时返回洞府，牡丹父女见状，方明白一切，并向上天拜谢。

在泰山周围，由此故事又衍生了吕洞宾与白牡丹的儿子白氏郎的故事来。

传说，吕洞宾与白牡丹相亲相爱，不久，吕洞宾辞别白牡丹云游去了，吕洞宾走后，白牡丹十月怀胎，生了个儿子便取名叫白氏郎。白牡丹原本在泰山修炼，后来不堪众人的嘲讽，就和儿子搬到泰山南边的徂徕山去住了。白氏郎10岁时伶牙俐齿，十分讨人喜欢，可就是没有个名正言顺的父亲，整天在外边被邻居孩子欺负。这天，正是腊月二十三，白牡丹让白氏郎跟村里的小伙伴上山砍柴，自己则绞尽脑汁想给灶王爷备些酒菜，好打发灶王爷上天去汇报下界一年的情况。

白氏郎和伙伴们来到山上，领头的说要玩"做皇帝"的游戏，把几个草筐摞起来当作宝座，谁要能爬上去，谁就是皇帝，以后众人就都听他的，让他做头儿。说完便把筐摞得高高的，一个个轮着往上爬。筐子没用绳子拴牢，一爬一晃，前面几个都滚了下来，最后轮到了白氏郎，只见他稳抓草筐，轻迈双脚，颤颤悠悠真的爬了上去。本来他们都看不起白氏郎，是想取笑他，如今他真的爬了上去，谁肯让他这个私生子做头儿，便把他拖下来，打了一顿一哄而散。白牡丹在家里正为买不起酒菜犯愁，见白氏郎又从外面哭着回来，鼻子都让人打破了，十分难过，顿时来了气，就抓起烧火棍，把怨气冲着灶王爷撒："灶王爷啊灶王爷，你都看见了吧，这还让我们怎么活？哼，我儿子要是真做了皇帝，非把那些小崽子杀尽斩绝不可。"她越说越气，一边说，一边敲，几火棍下去，灶王爷早就鼻青脸肿了。灶王爷不但没在白牡丹家吃好喝好，而且还挨了一顿棍棒，便一溜烟地跑到玉皇大帝那里告状去了。灶王爷一见玉帝，便叩首禀报说："不得了啦玉帝，白牡丹发誓，白氏郎要做了皇帝，就要把村里的人斩尽杀绝。这不，白牡丹连我都打了，望您为臣子做主，千万不能让白氏郎做皇帝。"玉皇大帝听了灶君的一面之词，便吩咐四员大将，到来年的龙节抽掉白氏郎的龙筋。再说白氏郎，从那次挨打以后，就每次独自上山。这一天，他一个人在山上打柴，迎面走来一个白胡子老头对他说："你本是真龙天子，将来要做皇帝的，只因你10岁时，你娘说话不慎，玉皇大帝要在来年的龙节抽你的筋，现在已经没办法补救了，只要到时候你能咬牙挺过，保住你的龙牙玉口，还能说什么成什么。"说完便飘然而去。

白氏郎像做了个梦，吓得不得了，回去给母亲说了，白牡丹得知是自己害了儿子，十分后悔，便把儿子搂在怀里痛哭起来。转眼龙节已到，只见几片黑云压在白家院上。这时，白氏郎正在院中劈柴，只听见一个闷雷，白氏郎随声倒地，几员天兵天将便开始抽他的筋，那滋味简直比脱胎换骨还难受，可是白氏郎硬是挺了过来。

从此，白氏郎恨透了灶王爷，恨透了所有的神仙。他发誓要把所有的神仙都扣押起来，以报此仇。可是，如此多的神仙用什么盛呢？他穷得连个箱子、盒子都没有，白氏郎回头见自己上山装水用的葫芦挂在灶旁，便顺手拿过来，咬牙切齿地说："灶王爷，亏你跑到玉帝面前替我美言，你老人家辛苦了，到我这葫芦里来歇歇脚吧。"因为白氏郎有一张龙牙玉口，他的话便是圣旨，只听嗖的一声，灶王爷便化作一缕青烟钻进了葫芦。白氏郎告别母亲，提着葫芦走遍了全国的名山大川，见庙就进，见神就收。他想收完以后，把他们全都压在泰山底下，所以最后才来到泰山。一天，他正在路上走着，迎面走来一位鹤发童颜的老人。白氏郎觉得有些面熟，可一时又记不起来，便喊道："来者何人，快快通名报姓。"那老人笑嘻嘻地答道："在下便是小仙吕洞宾。"

白氏郎闻听此言，突然想起以前给他报信的白胡子老头，原来是他的亲生父亲，不禁大吃一惊，不慎将葫芦掉在地上摔成了两半。这下可热闹了，各路神仙连滚带爬向旁边的一个大石洞挤

去，吕洞宾数也数不过来，就给它取名为"千佛洞"。后人又在那里起楼造阁，顺吕洞宾之意取名为"万仙楼"。

只有灶王爷的腿长，又跑回了灶膛。不过吕洞宾怕他再惹是生非，便在灶王的神像旁边写上"上天言好事，下凡降吉祥"予以警告。

白氏郎得知白胡子老头正是他的亲生父亲后，便跪在吕洞宾面前，将母子多年来的冷遇和磨难一一告诉了他。吕洞宾听后也十分难过，将一柄断烦恼、避磨难、呼风唤雨的青龙宝剑交给白氏郎，嘱咐他照顾好母亲，与乡亲们和睦相处，他又回到了徂徕山。此后，乡亲们得知吕洞宾如此宽宏大量，都非常敬重白氏郎母子，常给予多方面的照顾，白氏郎也用他的青龙宝剑为乡亲们做了许多好事。

终南山传奇

刘

海

篇

刘海其人及传说

刘海,历史上实有其人。生于五代时期,本名操,字昭远,又字宗成,居燕山一带,先为辽国进士,后出家修道。刘海16岁的时候中进士做官。后来,刘守光被后梁太祖封为燕王,刘海就成了燕王的丞相。刘海特别喜好谈玄论道,与道士交往甚密。一天,有个道士来访,刘海以宾客之礼相待。问道士的姓名,那道士默而不答,只是要刘海拿出鸡蛋10个,金钱10文,每1文钱间隔1个鸡蛋,将钱和蛋层层垒起,10个蛋和10文钱垒成了1个塔,并没有坠下来。刘海惊叹说:"危险!"道士告诉他:"你身家性命面临的危险更甚于此。"刘海问:"如何摆脱这种危险?"道士并不作答,而是拿起鸡蛋、金钱掷之地上,然后长笑而去。原来,道士是说刘海现在身居高位,这高位就像叠垒起来的鸡蛋一样,随时有可能坠毁。要摆脱危险免去杀身之祸,就要抛弃荣华富贵,就像道士将鸡蛋、金钱掷于地上一样,弃荣华富贵如敝屣。刘海很快明白了道士的用意,当晚摆了一桌丰盛的酒席,美美地吃了一顿,然后砸碎所有的宝器。第二天,他解下相印,穿上道士的服装,假装发狂而舞,出了燕国,远游秦川去了。在路上他又遇到那位道士,道士授给他服丹成仙的口诀。刘海方知他是正阳子,即钟离权。两年以后,燕王刘守光僭称大燕皇帝,不久就被朝廷剿灭,刘守光遭诛九族之祸。而此时,刘海正云游天下。后遇上了吕洞宾,授之以秘法,乃得道成为真仙。从此,刘海以钟离权、吕洞宾二位仙人为师，追随他们遁迹于终南、太华之间，不知所终。元朝元世祖封刘海为"海蟾明悟弘道真君。"武宗皇帝加封他为"海蟾明悟弘道纯佑帝君。"刘海出家后，取道号"海蟾子"，称为"刘海蟾"。后来，由这名字又附会上了"刘海戏金蟾"的传说，成为能给人间带来钱财、子嗣的吉祥神。

刘海戏金蟾的故事，在民间衍生了多种版本，传说最多的就是刘海与龙王女儿巧姑的恋爱故事。

很早以前，南山脚下的曲抱村住着一位姓刘的人家，夫妻只有一个儿子，取名刘海。

刘海自幼跟随父亲劳动，学得一手好技术，开山耕地、砍柴、种茶样样都行。刘海长得秀气俊俏，心地忠厚，还学会了吹笛子唱山歌。

芒河龙王有个女儿叫巧姑，自幼生长在水底龙宫。有一次，龙王带女儿巧姑去南海龙宫赴宴，往返途中，那满山的苍松翠竹，飞瀑流泉，以及坐落在山崖水畔的村舍田园给她留下了极其美好的印象。

她趁龙王外出的机会，变成一只金色的蟾蜍，跃出了白龙潭。她伏在一片翠绿的荷叶上，在温暖的阳光下，呼吸着山林间清新芬芳的空气，观赏那四周的奇松怪石、鲜花异草。迷人的黄山景色使她流连忘返，她情不自禁地跳上溪岸，跃进树林里尽情游玩。

就在小金蟾游兴正浓之际，突然腥风呼啸，草木摇荡，有一条凶恶的大蟒，吐着可怕的红芯向她扑来。这可把小金蟾吓坏了，她刚喊了一声"救命啊！"便被大蟒紧紧地缠住了。

正在坡梁上砍柴的刘海，听见了呼救声，便手持柴刀四处搜寻,发现树林里有一条巨蟒正要吞吃一只可怜的小金蟾。勇敢而健壮的刘海飞快地蹿到大蟒跟前,挥起砍刀向大蟒劈去。大蟒见势不妙放下金蟾,卷起一阵腥风逃走了。好心的刘海捧起被吓晕了的小金蟾,把她轻轻地放在了荷叶上。

金蟾醒来以后见自己躺在荷叶上,岸上有一位英俊的青年在对自己点头微笑。"噢!原来是他从恶蟒口里把我救出来的。"金蟾怀着真诚的感恩之情向岸上的刘海频频点头,又将一颗龙珠吐在了荷叶上,并示意是她赠送给刘海的纪念之物,然后恋恋不舍地跃入水中回龙宫去了。

刘海见那金蟾口吐龙珠下水去了,知道这是赠给他的礼物,便俯身拣起回家去了。

此时的刘海已经23岁,父亲已去世,父亲年迈,家中的一切都由他一人操办。又加上他家的房子旧得几乎不能住了,急需盖两间新房。他还需要一位与他情投意合的姑娘一起赡养母亲,操持家务。

龙女巧姑对刘海更是念念不忘,她想刘海那英俊的相貌,善良的心,始终牢记刘海把她从凶蟒口中解救出来的恩情,这些使她深深地爱上了刘海。有一天,她思念刘海心切,又偷偷地出了龙宫,还是变成金蟾爬上荷叶,盼望着能再次见到她的意中人刘海。

事也凑巧,有一天,刘海因为要伐木盖房,也来到了白龙潭边。刘海心事重重,一边伐木,一边唱起了山歌:"小小牛角尖又尖,放牛娃儿好可怜。晴天无人做饭吃,下雨谁给补衣衫?手拿柴斧上山冈,砍棵青松做栋梁。一朝我把新娘娶,给我烧饭补衣裳!"

婉转悠扬的山歌,声声句句扣动着龙女的心弦,激起了她对刘海的无限同情和爱恋。

刘海砍柴累了，走到潭边喝水，忽然发现在他的身边有一串金钱。"这是谁把金钱丢在这里了？"他四顾无人，喊了几声也无人答话。刘海心想："这钱不是我的，不义之财不能拿。"于是扛起松树准备回家，谁知那串金钱竟然叮叮当当地响了起来，真是怪事。

刘海哪里知道，这钱是巧姑暗暗放在他身边的，那串着金钱的丝线就在她的手里。刘海要走，她便在水下牵动丝线使那串金钱响起来。刘海感到奇怪，聚精会神地端详着那串金钱。没想到上次那条吞吃金蟾未成的大蟒自树林中偷偷爬了出来，从背后向刘海扑来。龙女在水下看得清清楚楚，她急忙从荷叶下跃出，从刘海眼前跳向背后，刘海转身发现了已经来到面前的凶蟒。刘海眼疾手快，抽出砍柴刀，迎面一刀，把那条恶蟒斩成了两段。

刘海见是小金蟾在危急中救了他的命，十分感激。又见那牵动金钱的丝线也随着金蟾上了岸，他这才知道那串金钱的响声是来自这只金蟾。于是，他爱抚地捧起金蟾，向她道谢说："小金蟾啊小金蟾，你要是一位姑娘该多么好，我们可以结为夫妻，白头到老永不分离。"说罢，他轻轻地把那串金钱的丝线系在金蟾的颈上，牵着她在溪边玩了起来。

刘海牵着金蟾在前面走，金蟾在他的身后轻快地跳跃着。忽然间，刘海觉得手中的丝线一下子变得沉重了，回头一看，大吃一惊，原来那金蟾变成了一位漂亮的姑娘，正朝他微笑。刘海忙向那姑娘说："你是什么人？怎么我牵的小金蟾不见了呢？"

"我就是那只小金蟾，你不是说要同我白头到老永不分离吗？"那姑娘羞涩地回答刘海，"从此以后，晴天我给你烧饭，下雨我为你补衣衫,好吗?"刘海听罢,想起了小金蟾赠他龙珠的事,明白了这姑娘的来历,他喜出望外,连忙说:"好,好,好!

于是,两个人收拾起柴刀,牵着牛扛起松树高兴地回了山脚下的曲抱村。

智取金蟾内丹

很久以前,户县有个村子叫曲抱村,曲抱村有个小男孩叫刘海。刘海生性忠厚老实,从小以打柴为生,上有一老母,双目失明,刘海对老母亲非常孝敬。一天,刘海打柴回家路过村边的小石桥时,突然看见一只奇怪的蟾,但见此蟾生着三只脚,除了腹部一片雪白外,全身都是金光闪闪,甚是好看。金蟾看见刘海过来,不避也不逃,只是瞪着眼直直地看着刘海。刘海从未见过如此奇特的金蟾,忍不住放下柴担,在桥上和金蟾玩耍起来。不知不觉天已转黑,刘海才依依不舍地回家。从此以后,每当打柴回来,刘海都要在小石桥边同金蟾玩耍一番。

光阴似箭,日月如梭,不觉几年就这样一晃而过,当年的小刘海已长成一个英俊的小伙子。这一天,刘海正在山上砍柴,忽然一阵大风吹起,但见树枝摇曳,树叶纷飞,一场大雨就要降临。刘海道一声:"坏了,要下雨了。"赶紧抡起斧子加快砍柴的速度,只一会儿工夫,一担柴便砍好了。刘海挑起柴担正要回家,忽然,一个身材窈窕,眉目清秀的姑娘出现在面前。只见这女子面带羞涩,双目含情脉脉。原来此女是个狐狸精,名叫梅姑,从小见刘海在此山打柴,看他是个勤劳、实在的人,想与他结为夫妻。刘海一听,不由自主地摇起头来："不行，不行。我家境贫苦，而且还有一位双目失明的老母亲，如何能养得起你？"梅姑却坚定地说："我们成了家，你打柴，我织布，孝敬老人，日子一定会好起来的！"刘海本是一个老实人，此时不知如何是好，只得给梅姑说他回家同老母商量后再说。刘海回到家将这事告诉了老母亲，老母亲自然高兴，第二天刘海便和梅姑结为百年之好。梅姑是一位勤俭持家，孝敬老人的好媳妇。刘海每天上山砍柴，梅姑在家织布、做饭、照顾老人，一家人过着幸福的生活。没过几年，老人无疾而终。

一天，刘海打柴回家，走到村边小石桥的时候，忽然想起了金蟾，于是朝桥边望去，却不见了金蟾的身影："可惜，可惜，哪里去了呢？"刘海正想着，忽然桥对面走过来一位道士，但见此道士身穿一袭金色道袍，白发、白须，手持拂尘，斜背宝剑，一身仙气尽现。抬手指着刘海道："刘海，你印堂发黑，面带晦气，性命不久矣！"刘海一听，不觉心里一惊，赶紧跪在道士面前："求仙道救我。"道士笑道："救你不难，你的妻子本是个狐狸精，你回家后只需装着肚子痛，她便会用内丹给你治病。当她将内丹放入你口中的时候，你只需将内丹吞到肚中，你便性命无忧了。"说完，道士大笑三声，化成一股青烟而去。刘海回到家，想起道士的话仍是半信半疑，于是放下柴担，搂着肚子直喊："痛，痛。"接着便在地上滚来滚去。梅姑一看，赶紧上前抚慰，却无济于事。最后，只见梅姑眉头一皱，从口里吐出一颗金光闪闪的丹珠，她将丹珠塞入刘海的口中。刘海一见丹珠，惊得从地上一骨碌爬起来。梅姑怕他一不小心将内丹吞入肚中，就赶紧叫他吐出内丹。刘海此时想起妻子的种种好处，怎么也不忍心将内丹吞进肚子，只是轻轻地吐出

刘
海
篇

内丹，双手奉还梅姑，接着便问到底是怎么回事。梅姑在刘海的一再询问下才不得不说出实情："我原来在深山修炼了500年，只因无心成仙，见你又是如此的忠诚、老实，又有孝心，才下山来与你结为夫妻，而你今天所见的道人就是你经常看到的金蟾所变，这金蟾也修炼了500年，也炼了一颗内丹。他急于成仙，却功力不够，于是想尽办法要将我的内丹夺去以凑成千年之数，以便早日成仙，可是他数次设计都没能得逞，想不到今日又生毒计要夺我内丹，生生拆散我们夫妻。"刘海一听才明白是怎么回事，他气得虎目圆睁，牙齿咬得咯咯直响，拿起斧子便要找金蟾拼命。可是梅姑却将他拦住了："他现在已经有500年的道行，你凭着一把斧子如何打得过他？"刘海不免着急："那该如何是好？"梅姑靠近他的耳朵说："你只需如此即可……"

刘海依照梅姑的计策，带着假丹珠来到小石桥边，大声喊到："多谢仙道救命之恩！"金蟾听出是刘海的喊声，心中大喜，立即从桥洞蹦了出来，又变成老道的模样。只见他两眼只盯着刘海手里的丹珠，恨不得立即将丹珠抢过来吞入肚中好羽化成仙。刘海只是高举着丹珠一个劲的在原地转圈，好像在欣赏着那珠子。一旁的金蟾急得不行，眼睛盯着丹珠，身子也不由自主地跟着刘海转了起来。转着转着，只觉头晕脑胀，他只想吐。又转了几圈，再也忍不住了，终于失去控制张口大吐起来，这一吐却把自己修炼多年的内丹吐了出来，刘海一见，赶紧将丹珠拾起，一口吞入肚中。此刻，刘海只觉得全身关节叭叭作响，一跺脚身子已升到半空，原来自己是得道成仙了。可怜金蟾害人终害己，失去内丹后，金蟾又变回原形。从此只能处处跟着刘海，事事听从刘海的吩咐。刘海让他吐金，他就吐金，刘海让他吐银，他就得吐银，于是就有了"刘海本是一神仙，四季发财万万年"的说法，这便是刘海得道成仙的故事。

"刘海儿"发型的来历

刘海，人名，在中国较多，也是一种发型的称呼，也叫"刘海儿"、"刘海儿发"。人们把妇女或儿童留在前额的整齐的短发称为"刘海"。

此发型来历说法有三：

说法一：相传有一位唐代的仙童名叫刘海。在民间传说中，刘海前额总是覆盖着一排整齐的短发，模样童稚、可爱。为此，画家画仙童肖像便以刘海为样本，前额垂着短发，骑在蟾蜍上，手舞一串钱。而后，小孩或妇女额上留的短发便称为"刘海"。清朝王韬的《淞滨琐话》："面同满月，眼若明星，只髻簪花，如世间所绘刘海状。"清朝李伯元的《文明小史》第十九回："众人举目看时，只见一个个都是大脚皮鞋，上面剪刘海，下面散腿。"

说法二：古时候，女孩子15岁时便盘发插笄表示成年。男孩子则于15岁时束发为髻，到20岁时再行表示成年的"冠礼"。在没成年之前，小孩子的头发都是自然下垂的，所以人们用"垂髫"、"髫年"代指儿童或童年。但男女幼童所留的头发又是有区别的：男孩子留的是额上左右两角的胎发，称之为"兆"；女孩子留的是垂于额头中央的胎发，叫做"髦"。这种孩童时代所留的头发，统称为"留孩发"。而女子待到成年以后，有时从打扮考虑，依旧让额头上的头发自然下垂（"时髦"之说就由此而来）。到了唐代，民间出现了《刘海戏金蟾》的故事。由于"刘海"与"留孩"音相似，"留孩"又本为口语俗称，故书面文字就写作"刘海"。

说法三：相传在武则天执政时，神探狄仁杰破获了一个策划宫廷政变的案件。在行刺武皇的名单中竟然有上官婉儿的名字，武则天不由得大怒，立即将上官婉儿召来行黥刑（一种在脸上刺上记号或文字，并涂上墨的刑罚）。武则天非常气愤地呵斥道："昔日你的祖父上官仪结党谋反，被打入天牢，我念你才华出众才重用你为御前女官。不料你恩将仇报，竟欲谋杀于我，真是气死我了！"上官婉儿听了坦然一笑："陛下可曾记得奴婢三次挡驾之事么？"武则天细想了一下，是有几次传旨御花园摆宴，临起驾时都被上官婉儿呈奏转驾回宫，便微微点头承认确有此事。上官婉儿道："陛下可知那时御花园已经是危机四伏？当时我参加谋反，正是为了暗中护驾呀！"一席话说得武则天哑口无言，深悔错怪了上官婉儿。怎奈皇帝是金口玉言，黥刑还要照旧执行，不过行刑时改用朱砂在额前刺梅花一朵。上官婉儿本来就颇具姿色，刚刚刺上去的那朵小巧玲珑的红梅花，恰置两道娥眉的正上方，犹如二龙戏珠煞是好看。但这终究是个耻辱——罪犯的标记。聪明的上官婉儿就从额顶梳下一缕青丝，它刚好遮住了那个朱砂记号，并称之为"刘海"。宫中妃嫔们看了，觉得这样比头发全部向后梳要秀美得多，于是纷纷效仿，直至如今。

重阳篇

王重阳创教

王重阳,原名中孚,今陕西咸阳人,老家在大魏村。中孚长大后曾中过武举。到了 47 岁那年,喟然长叹说:"孔子四十而不惑,孟子到四十岁,外物不能动其心,我现在已过了四十,还只知道吞腥腐之物,穿紫绶官服计较财利,不是太愚蠢了吗?"

便辞去官职,离开妻儿,拂袖离家云游访道。48 岁这年,来到甘河镇,经过一家屠夫门前,正好有自己嗜吃的肉食,便大吃起来。忽然两位道士从南面飘然而至,那神态像是久处烟霞的隐士,而精神饱满又像要直冲霄汉。中孚一见,不由惊异地站起,迎上前去,恭敬地将他们请进来。两位道士和他谈的尽是些仙家话语,王中孚听后如醉初醒,一时大悟。道士于是秘密传授他修仙真诀,又将他的名字改为"嚞",道号重阳子。这些都做完后,道士又遥指东方,问王重阳:"你看到什么了?"王重阳说:"看到 7 朵金莲结子。"道士笑道:"还有万朵玉莲吐芳呢。"说完,便不见了。

王重阳从此更加不拘形迹,常常在市井间乞食,平时穿短衫破草衣,拿着残破的饭瓢,夜里便睡在冰雪地里。一年后,忽然又遇上个道士,一起露宿在月光下。道士说:"我住在西北大山中,那儿有个人善于讲仙经,尤其精通《阴符经》、《道德经》。你平时既喜欢这二经,何不跟着我去听他讲讲。"王重阳犹豫着,一时没有下定决心,道士忽然站起来将拐杖往空中一抛,乘风飞去。王重阳在附近寻找,却是杳无踪迹,不由茫茫然如同失掉了什么。过了些日子,到了中秋节,他经过礼泉,又遇见那位道士,急忙迎上去致敬,邀请他一起喝酒。王重阳问道士家乡在何处,答道:"永济。"(即吕洞宾家乡,此暗指道士即吕洞宾)又问多大年纪,回答说:"春秋二十二。"再问姓氏,就默不答声,只向店家借过纸笔,写下五篇秘诀,让王重阳仔细阅读。他读了几遍,才懂得其中玄妙的道理。道士说声:"天机不可泄露。"便让他将秘诀投入火中烧掉。然后对他说:"赶快往东海,丘刘潭中有一匹骏马,可以去捉来。"说完,便不知去向。

王重阳遇道士后,回转老家,搭起一座茅庵,题名为"活死人墓",并立张纸牌,上书"王害风之灵位"。从此人们都以"害风"称王重阳。

一天,王重阳提着一壶酒,站在路边,走来一位道士说:"害风害风,拿酒来喝。"王重阳应声将酒递过去。道士一饮而尽,然后让王重阳拿着空壶到甘河中汲水。水汲来,道士又让王重阳自饮,一饮之下,觉得味道极佳。道士告诉他说:"我就是海蟾公。"说完,便失了踪影。王重阳从此不再饮酒,只喝水,脸上却常有醉容。为此他还作了首词"王害风,饮水知多少,因此通玄妙。"一天,王重阳忽然一把火烧了茅庵,邻居赶来救火,他却在一旁舞蹈起来。别人问他什么缘故,回答说:"三年之后,另有人修。"

这王重阳离开了老家,依道士所嘱,向东海进发。一直跑到山东,收了马钰以及丘处机、刘处玄、谭处端几个徒弟,应了"丘刘潭(谭)中有一匹骏马可以收之"的预言。以后又收了王处一、郝大通及马钰原配夫人孙不二，加起来共是 7 个徒弟，应了"7朵金莲结子"的预言，后人称"全真七子"。这样，王重阳便创立了一个大道派，叫"全真教"，元以后传播极广，真的是"万朵玉莲吐芳"了，不过那是在王重阳身后的事了。

王重阳创立的全真道，其教理教义的最大特色就是寻觅到了人类共同的灵性——真性，一个未经物欲染着的灵性，因此他用"全真"来命名该教。《全真堂》诗云："堂名名号号全真，寂正逍遥子细陈。岂用草茅遮雨露，亦非瓦屋度秋春。一间闲舍应难得，四假凡躯是此因。常盖常修安在地，任眠任宿不离身。有时觉后尤宽大，每到醒来愈爱亲。气血转流浑不漏，精神交结永无津。慧灯内照通三曜，福注长生出六尘。自哂堂中心火灭，何妨诸寇积柴薪。"依王重阳的解释，"全真"的意蕴有：投真换假、识心见性和福注长生三个方面。

他说："好把灵明开远近，便令性曜出西东。投真换假光辉至，步步莲花接上宫。"这儿的"真"与道家老庄思想是一脉相承的。在老子、庄子那儿，"真"就是自然、纯朴、诚实、不虚假，如老子说："其精甚真，其中有信。"庄子说："彼其真是也，以其不知也。"

王重阳说："识心见性全真觉，知汞通铅结善芽。马子休令川拨棹，猿儿莫似浪淘沙。慧灯放出腾霄外，照断繁云见彩霞。"此处之"真"谓真心、真性。在老庄那儿，真性乃指本性、天性、自然之性。如庄子说："此马之真性也。"有时庄子也把真心称作"真君"。

王重阳说："慧灯内照通三曜，福注长生出六尘。自哂堂中心火灭,何妨诸寇积柴薪。""福注("注"同"住")长生"也就是全真而仙,此乃全真道的修持目标。这与老庄思想也是先后承传的,老子说:"是谓深根固柢,长生久视之道。"庄子描述女娲修炼过程时说:"首先是外天下、外物、外生,然后是朝彻、见独、无古今,最后达到不死不生,所谓不死不生,也就是长生不死。"

总之,"全真"即是至真、至善、至美,是尽善尽美的合一。"全真"就是全万物之本真,这个本真就是万物蕴含的道。由道所生为人者,亦当独全其真。

重阳宫与全真教

重阳宫位于陕西省西安市户县,是道教全真祖师王重阳的修道和葬骨之地,是我国金元时道教全真派的三大祖庭(北京白云观、山西永乐宫、户县重阳宫)之一,为我国道教三大祖庭之最。

重阳宫创建于元朝,地处户县西 10 千米的祖庵镇,南接秦岭,北临渭水,东傍涝水,西以白马河为界,下院别业横跨今周至、户县两县 9 个乡镇。殿堂、楼阁、宫院房屋 5 048 间,道士近万人。金代即有"天下祖庭"之称,历来享有"全真圣地"之盛名。王重阳精研道家奥理,糅合儒、释、道三家之理论,开创全真教,结庵讲道,遂收徒马钰、谭处端、刘处玄、丘处机、王处一、郝大通和孙不二等人,人称"全真七子"。

全真道建立后相当长的一段时间内,以其本身所具有的活力和统治阶级的支持，保持着向上发展的势头。与此同时，又保持着清楚的传承体系和集中统一的领导体制。在金元时期，经历了王重阳、马钰、谭处端、刘处玄、丘处机、尹志平、李志常、王志坦、祁志诚、张志仙、苗道一、孙德彧、兰道元、孙履道、完颜德明等十数代掌教的传承，它整个发展的历史，大致经历了四个时期。

一、初传时期

全真道从初建至金末是初传时期。王重阳经过多年努力，于金大定七年（公元1167年）把教派建立起来之后，于金大定十年（公元1170年）逝于从山东返回陕西的途中。马钰嗣教，七大弟子分别在秦、冀、鲁、豫等地修炼、传教，而以马钰活动的关陕一带为传播中心。尹志平《北游语录》称：马钰掌教时期，遵行"以无为为主"的教旨。"无为"指全真道的个人内修之真功，即以很大精力从事个人修炼，而不以太多的精力与时间去发展教徒，营造宫观。此时期他们大多过着清修苦炼、云游乞食的生活。但却逐渐吸引了一部分信徒，也赢得了一些中下层官吏的敬信和保护。此时与金廷上层统治者也无直接关系，组织规模和力量也比较小。

自刘处玄于金大定二十六年（公元1186年），丘处机于金泰和四年（公元1204年）相继掌教以后，始逐渐重视创立宫观和收徒活动。

《北游语录》称刘处玄遵行的教旨是"无为、有为相半"，至丘处机则"有为十之九，无为虽有其一，犹存而勿用焉"。"有为"即指创观收徒活动。在此时期，他们以山东半岛为活动中心，收了相当数量的信徒，建起了一批宫观。从而引起了金廷的重视。金大定二十七年（公元1187年），王处一被召至京，世宗问以养生之道。次年又召丘处机进京，命庵于万宁宫之西，以便皇帝召见问道，并命他主持万春节醮事。翌年，又召王处一。他抵京时世宗驾崩，章宗即位，命王处一为世宗设醮冥福。王重阳曾受皇帝的一再征召问道，抬高了全真道士的身价，促进了全真道的发展。元好问《紫微观记》描述了当时全真道传播的盛况："南际淮，北至朔漠，西向秦，东向海，山林城市，庐舍相望，什百为偶，甲乙授受；牢不可破。"金明昌元年（公元1190年），金廷"惧其有张角斗米之变"，"遂以惑众乱民"为由，下令"禁罢全真及五行、毗卢"，但一直未能遏制其发展，以致"已绝而复存，稍微而更炽"。这样经过二三十年的发展之后，全真道组织已具有相当的规模，它在鲁、豫、秦、冀等地，已有了一定规模的组织基础。

二、鼎盛时期

金、元之交，直至南宋覆灭的数十年间，是中国大地铁骑纵横、血火纷飞、生灵涂炭的苦难年代，但也是全真道的鼎盛时期。鼎盛局面的积极推动者为丘处机，转变的契机则是成吉思汗对他的召见。在金世宗（公元1161-1189年）、金章宗（公元1190-1196年）两朝，经过刘处玄、丘处机的努力，全真道在民间已拥有了较大势力，金贞祐二年（公元1214年），丘处机又应山东驸马都尉之请，出而招安杨安儿的起义军。于是丘处机及其全真道成为蒙古、金、南宋三方交相争取的对象,在金贞祐(公元1213—1217年)、金兴定(公元1217—1222年)年间,三方先后派遣使臣征召丘处机。丘处机审时度势,鉴于金王朝行将灭亡,南宋十分孱弱,唯有蒙古力量方兴未艾,乃作出"却金使,谢宋聘,独赴正在西征西域的成吉思汗之召"的重大决定。他年届70,甘冒风沙大雪之苦,于1219年率18位随行弟子登上征途,经历两年多的万里跋涉,终于在1222年到达西域大雪山(今阿富汗境内都库什山)成吉思汗的军营。成吉思汗对丘处机的到来赞赏有加,亲自两三次召见并作长谈。丘处机对其所问"为治之方"及"长生久视之道"皆作了仔细的回答,深得成吉思汗的礼敬,尊称其为"丘神仙"。当他于1223年请准东归时,成吉思汗令他"掌管天下的出家人",并敕免全真门下道士的差役赋税。

1224年丘处机返抵燕京,被请住大天长观(后改名"长春宫"),他顿时身价倍增,成为北方道教的风云人物,所居长春宫从此成为全真道活动的中心。"由是玄风大振,四方翕然,道俗景仰,学徒云集"。丘处机乃不失时机地着手全真道的大发展工作。实际上,他早在西觐东归途中,即大约在1223年五六月之某日,夜宿盖里泊(抚州之丰利县境内)时,就对其随行弟子说:"今大兵之后,生灵涂炭,居无室,行无食者,皆是也。立观度人,时不可失。此修行之先务,人人当铭诸心。"

全真道大建宫观、广收门徒的活动,从丘处机住长春宫起,一直持续到尹志平、李志常掌教期间。在这30余年里,到底建了多少宫观,收了多少门徒,现已难于详考。仅就《顺天府志》所引《析津志》和《元一统志》所记之宫观作粗略统计,燕京及其附近地区即有宫观百余所,其中绝大部分为全真道宫观,又皆属丘处机至李志常掌教期间所建。其次,在河北、河南地区,李志柔及其弟子根据丘处机"立观度人"的意旨,先后在河北的大名、磁州等地"建大小庵观殆三百区,化度道流称是"。张志渊在山东"主东平郓城白云观,度弟子千余人,庵观称是"。潘德冲则在山西芮城县建了全真道三大祖庭之一的纯阳万寿宫,俗称"永乐宫"。宋德方利用在山西平阳编《道藏》的机会,"犹假余力,即莱州神山开九阳洞及建立宫观,自燕至,凡四十余区"。薛知微"度门弟子数百人","立观度人于河东云、应"之间。在陕西、甘肃地区,于善庆(后改名志道)根据丘处机的安排,长期活动于陕西陇县、凤翔一带,"诣门求度为道士者数百人,俱立观院于凤翔、汧、陇之间"。綦志远在李志常掌教期间,提点陕西教事,曾"度门弟子数百人,建立宫观二十余所"。冯志亨在尹志平嗣教后随尹志平去陕西改葬王重阳的路途中,"自燕至秦三千余里,凡经过道家宫观,废者兴之,缺者完之,至百余所"。

全真七子在丘处机的"立观度人"的号召下,大约经过30余年的经营,全真道的宫观、弟子遍布于河北、河南、山东、山西、陕西、甘肃等广大地区。《清虚宫重显子返真碑铭》称:

"东尽海,南薄汉淮,西北历广漠,虽十庐之聚,必有香火一席之奉。"《修武清真观记》称:"自丘往赴龙廷之召,……丘是而后,黄冠之人,十分天下之二。声焰隆盛,鼓动海岳。"

1227年安葬丘处机和1241年会葬王重阳,可以说是对全真

237

重阳篇

道力量的一次大检阅。据载,安葬丘处机时,"四方来会之道俗逾万人,至有司卫之以甲兵"。会葬王重阳时,"时陕右虽甫定,犹为边鄙重地,经理及会葬者,四方道俗云集,常数万人"。不仅如此,据《尹宗师碑铭》记载,当尹志平于1236年去陕西营建祖庭时,"时陕右甫定,遗民犹有保栅未下者,闻师至,相先归附,师为抚慰,皆按堵如故"。不久,在去化度道士的返回途中,"道经太行山,群盗罗拜受教,悉为良民。出井陉,历赵、魏、齐、鲁,请命者皆谢遣。原野道路设香花,望尘迎拜者,日千万计,贡物山集。"这些描写,难免夸大,但全真道及其首领在群众中影响很大,当是事实。

尽管尹志平利用宗教的号召力为元统治者效劳,但因其影响过大却引起元统治者的猜忌。因此,在元宪宗时期的佛、道"化胡经"之争中,元统治者持明显的祖佛立场,使全真道在佛道大辩论中两次败北,予全真道以沉重的打击,全真道发展的鼎盛局面亦随之宣告结束。

三、南北归宗时期

自1258年,全真道在"化胡经"斗争中失败以后,处境十分困难,教徒的发展受到限制,斋醮被禁止举行。中经张志敬、王志坦、祁志诚、张志仙四人相继掌教,一直处于发展的低谷。直至成宗即位后的元元贞元年(公元1295年),始宣布大弛禁:"梗其道者(指权臣相哥)除之,取其业者(被僧人侵占的宫观)还之",方使全真道从艰难处境中解脱出来。

全真道的发展尽管有低谷,但并没有停滞。特别值得指出的是，元朝实现了南北统一，为原在北方的全真道提供了南传的条件，当然也为原在南方的道教南宗提供了北上的机会。据现在所知，最早进入黄河以南传道的全真道士是吉志通，他是陕西合阳人。"师乔潜道及潘清容，博学多闻，后居武当山，十年不火食。"于1264年逝世。乔潜道是马钰的弟子，吉志通即是马钰之再传。比吉志通稍晚，武当山又有鲁大宥和汪真常相继成为全真道士，此后全真弟子日众，武当山遂成为全真道的重要据点。继武当山之后，全真道继续南传至苏、浙、闽、赣等地区，如居江苏仪征的李道纯（或谓居凤阳盱眙），居浙江杭州的徐弘道、丁野鹤、黄公望，居浙江黄岩委羽山的赵与庆，活动于江西、福建一带的金志扬、桂心渊，以及活动于江西、浙江、福建一带的李珏至陈致虚一系等，他们大多是南宗道士而加入全真道者。

全真道的南传，使原来互相隔绝，但却同源于钟吕金丹派的南、北二宗（南宗与全真道）增加了接触的机会。由此经过接触，彼此认同，逐渐产生了合为一宗的要求，特别是组织松散、势力弱小的南宗更有归于全真道的愿望。元朝统一江南后，南宗与北宗合并。

全真教三大祖庭之一永乐宫全真道除合并南宗以外，元代中后期又合并了真大道、楼观道和部分净明道，成为唯一的一个丹鼎大派，与符箓大派正一道平行发展。

自元成宗即位，解除了对全真道的禁令以后，苗道一、孙德彧、兰道元、孙履道、完颜德明等相继掌教。自苗道一起，每任掌教皆授封为真人、演教大宗师、知集贤院道教事。这是除玄教以外，其他道派掌教皆未获得过的褒封。他们在此褒封之下,都相继由清静恬淡之士变为道士官僚。他们所居之地早已不是王重阳为之设计的远离尘嚣的茅庵,而是诸京城的雕梁画栋的豪华宫室。平时所为,除为皇室建斋祈福外,则是忙于与通显豪家相往还。陈垣先生称全真道上层的这种变化为"末流之贵盛"。上层贵盛了,教务随之却退步了。前期人才济济的景象不存在了,渐显出人才凋零的景象,前期那股朝气不见了,渐显出衰老的暮气来。

四、衰落时期

入明以后,全真道步入衰落时期。这有它本身活力大半丧失的原因,也有明王朝所施政策的原因。明太祖为《大明玄教立成斋醮仪》所作的御制序文中说:"禅与全真务以修身养性,独为自己而已;教与正一专以超脱。特为孝子慈亲之设,益人伦,厚风俗,其功大矣哉!"表现出只支持正一,不支持全真的意向。后来的实际作法确是如此。朱元璋及其继任者召见的大多是正一天师及其门徒,道录司各级道官也大都以他们充任,全真道士被召见和受委任者极少。全真道首领并不住在白云观,出现群龙无首的局面。

在上述情况下,全真道分裂为诸多小派进行独自的活动,其正宗为"七真派"。即宗丘处机的龙门派,宗刘处玄的随山派,宗谭处端的南无派,宗马钰的遇仙派,宗王处一的昆嵛派,宗郝大通的华山派,宗孙不二的清静派。其中以龙门派势力最大,记载也较多,其余六派所知甚少。至清初,龙门派经王常月之中兴,龙门派更盛于其他各派。除此全真嫡系七派外,又有明初张三丰所传的支派,万历间陆西星所传的内丹东派,清嘉庆、道光年间李西月所传的内丹西派,盖皆属全真道之旁系。以上派系再经繁衍,在明清时期,又分化出更多的小派。据《诸真宗派总簿》所载,即有86派。

题诗上清宫,开教宁海州

王重阳离开刘蒋村时,只带了一只小铁罐子作乞食用,徒步东行。炎夏五月,王重阳风餐露宿,沿路乞讨,到了洛阳,虽失隋唐景象,却还保存了北宋以来的王都余韵,他无心浏览洛河两岸的断垣残壁,更无意欣赏这"天津晓月",便一大早出了残破的"徽安门",沿着崎岖幽深的山道登上了翠云峰,观瞻了翠云峰上的"敕建上清宫"。

上清宫创建于唐高宗龙朔二年(公元662年),到王重阳参访时已经历了500多年,这期间饱尝了安史之乱和宋金战争,虽没有昔日的辉煌,却仍保留着那种庄严、雄伟的气派。大殿内的老君石雕像依然端坐。宫壁上残留的吴道子大型壁画《五圣千官图》和北宋武宗元的《三十六天帝像》已经剥蚀残落,但局部轮廓仍清晰可见,唐宋道家风韵,高迈千古,仍激励着后来的悟道者。王重阳参访了上清宫各大殿的神像、壁画和各种设施之后十分激动,对这次东游传道增强了信心,目标也更加明确,于是,胸有成竹地在上清宫大殿侧壁上举笔题写了《题上清宫》:"丘谭王风捉马刘,昆嵛顶上打玉球，你还般在寰海内，赢得三千八百筹。"

王重阳题诗之后十分自信，他昂首挺胸又高声吟诵了一遍，高大空旷的大殿内回声荡漾。住持和前来参访的信众看着这位疯道人和他的题诗均不解其意。王重阳毫不理会这一切，带着他的铁罐子食具，在巡游了上清宫一周之后，高高兴兴地走出了山门，又回头凝望了一会儿，便顺着原路下山向洛阳城走去。

王重阳的这首诗可不是一般的即景抒情诗，也不是一般的谈情说理诗，而是把自己这次出行山东传道，所招收的弟子的大姓都提前公之于众，真是玄中之玄，奇中之奇！因为王重阳根本没去过山东，又没有人和他联系过，在以后的传道过程中，又怎么一定是"丘、谭、马、刘"同时成了他的弟子呢？然而两年间，现实验证了王重阳的上清宫题诗的结论是千真万确的！

王重阳经过一个多月的长途跋涉，跨山渡水，于 7 月 18 日到达了山东半岛的宁海州（今牟平县）。在范明叔的"遇仙亭"，马钰酒酣后题诗曰："抱元守一是功夫，懒汉如今一也无。终日衔杯畅神思，醉中却有那人扶。"

恰巧，王重阳到了"遇仙亭"。马钰见他非常人，便问："尔从何方来？"王重阳答："路远数千，特来扶醉人耳！"在场众人都十分惊异。马钰又问："何名四道？"王重阳答："五行不到处，父母未生时。"二人便攀道谈法，甚是投机。于是，马钰邀王重阳到其家中，其妻隔帘视王重阳，也觉非常人。王重阳虽与马钰志趣相投，诗词酬唱，奉和无隙，但就是不愿入道。王重阳在马钰家建全真庵，现身说法，成百上千次地感化马钰，让其出家入道。马钰终于第二年即金大定八年（公元1168年）二月初八正式弃家入道。这月底，王重阳挈马钰等人到昆嵛山石门口，开烟霞洞居住传道。

王重阳到宁海州与马钰结为道友，远近传为佳话，金大定七年（公元1167年）9月，丘处机到全真庵向王重阳求道问法，即正式入道，拜王重阳为师。重阳给他取名处机，字通密，号长春子。

金大定七年（公元1167年）冬，宁海人谭处端来求见，求王重阳给他治瘫痪病。王重阳闭门不见，谭处端在寒风中坚守到晚上，接连不断地轻叩其门。王重阳感其诚，迎接到内室，二人谈锋相契，当晚同榻而卧，次日一早，谭处端一下床，身舒如初，病魔全消。谭处端即拜王重阳为师，弃家入道。

金大定八年（公元1168年）二月初八，就在马钰出家入道的这天，从牛仙山来的王玉阳请求入道，王重阳问："汝肯从吾否？"玉阳答："仆所愿也，敢不听命。"王重阳即收为徒，给他取名处一，号玉阳子。

3月，郝大通来烟霞洞要求出家，王重阳即收其为徒，号广宁子，时年29岁。郝大通名璘，字太古，号恬然子，自称"太古道人"。

8月8日，王重阳带领丘、谭、马、王、郝五人迁居文登县立"七宝会"。金大定九年（公元1169年）春，王玉阳辞别王重阳居查山。4月，王重阳率马、谭、丘、郝迁居宁海"金莲堂"。不久，马丹阳妻弃家抛子来"金莲堂"出家入道，拜王重阳为师。王重阳特赐法名孙不二,号清静散人,授以"天符云篆秘诀"。

8月,王重阳率众弟子到宁海"三教金莲会"。

9月,王重阳赴登州福山县立"三教三光会",又在登州蓬莱岛倡道。身为武官的刘处玄前来入道,拜王重阳为师,时年23岁。

至此,"七真"收全。上清宫题诗的所有姓氏,都水归大海似的全部流到王重阳的全真道内。

10月,王重阳携丘、刘、谭、马四人在莱州(今掖县)立"三教平等会"。王重阳往来奔走于登州、莱州、宁海州三州之间,在短短的两年内,建立了"三州五会",一时间,风起云涌,入会者千余人。

王重阳在山东完成建立全真教之后,即率众弟子准备西入关中传教。

逝于汴梁城,归葬重阳宫

金大定九年(公元1169)10月,王重阳在莱州成立了"三教平等会"组织之后,即率马、丘、谭、刘四弟子一同西行,入冬,抵达南京(今开封),寓居王氏的旅馆中。王氏对他不礼貌,又毁谤他。王重阳说:"吾居之地,他日当令子孙卜筑于此。"王氏认为王重阳在胡言乱语。但在64年后,栖云真人王志谨挈其徒落脚于此,一座壮丽的殿宇出现在原址上,后名"重阳宫",又名"朝元宫",最后定名为"延庆观",至今犹存。

王重阳暂住南京后,又收了开封名流孟宗献为弟子。

金大定十年(公元 1170 年)正月初,王重阳作了《竹杖歌》诗一首示于四弟子,诗曰:"一条竹杖名无著,节节生辉灼灼,伟矣虚心直又端,里头都是灵丹药。不摇不动自闲闲,应扬随机能做作。海上专寻知友来,有谁堪可教谁托。昨宵梦里见诸虬,内有四虬能跳跃。杖一引,移一脚,顶中迸进银丝索。攒眉露目振精神,吐出灵珠光闪灼。明艳挑来固然乐,白云不负红霞约。"

王重阳以竹杖自比,诗中"四虬"即"四真",有了四真作依托,他要如约而去。传说王重阳礼泉遇仙师留秘语说:"九转成,入南京,得知友,赴蓬瀛"。他现在既"得知友",即将"赴蓬瀛"了。在王重阳 53 岁时,他在终南镇上清太平宫的墙壁上题了一首诗:"害风害风旧病发,寿命不过 58。两个先生决定来,一灵真性诚搜刷。"他早就预测到自己的大限为 58 岁,他逝世时恰好 58 岁。

正月初四这一天,马钰听了师傅的《竹杖歌》后,悲泣不已。众道友劝说:"不可违仙师之约。"马钰说:"人道区区,尚无所得,吾师弃我,遑遑可归?"王重阳说:"丹阳(马钰)已得道,长真已知道,吾无虑矣。处机所学一听丹阳;处玄、长真当领管之。吾今赴师真之约耳!"马钰请留送,王重阳说:"吾已书于长安滦村吕仙庵矣!"马钰当即表了三愿,他说:"一欲将师父《全真集》印行。"师父说:"长安决了。""二愿欲与师父守服三年。"师父说:"刘蒋村有我旧庵基址可住。""三愿劝十方父母舍俗修仙。"

重阳听完即顺口吟道:"地肺(即终南山)重阳子,呼为王害风,来时长日月,去时任西东。做伴云和水,为邻虚与空。一灵真性在，不与众心同。"吟罢，又告诉大家不要哭泣，随后即闭目而逝。众弟子便放声大哭起来，不料王重阳又睁开眼睛说："你们的前程都在丹阳之手。"又命拿过笔来题诗一首："一弟（指丹阳）一侄（指谭处端）两个儿（指丘处机、刘处玄），和予五逸作修持。结成物外真亲眷，摆脱尘中假合尸。周匝种成清静景，递相传授紫灵芝。山头并赴金华会，我赴蓬莱先礼师。"写罢放下笔，就闭目长辞了，享年58岁。丧事由重阳新弟子孟宗献一手操办，灵柩暂厝孟氏后花园中。

王重阳丧事办完后，马钰率谭处端、丘处机、刘处玄三师弟西行关中，将刘蒋村王重阳故庵修葺一新，更名为"祖师庵"。马钰手书"祖庭"匾额，高悬庵楣。

两年后，即金大定十二年（公元1172年）春，王重阳四弟子又一同重返汴梁，将师父灵柩迁葬于终南山下刘蒋村，四弟子守墓三年后，各奔前程，传教一方。后来，弟子们在王重阳墓地扩大建置，取名"重阳万寿宫"，又称"重阳宫"。

王重阳一生著述颇丰，《重阳全真集》、《立教十五论》、《教化集》、《分梨十化集》、《重阳授丹阳二十四诀》行于世，后均收入明《正统道藏》中。

王重阳在甘河镇遇异人处后来建了"遇仙宫"，他曾经的修炼处——"活死人墓"，后建为"成道宫"。

"成道宫"又名"绳断宫"。后人诗曰："重阳遗嘱在山东，故后遗骨祖庵行。搬尸何处绳若断，即是吾身归垒营。二徒抬奔累难堪，偷割绳断祖庵东。掘地七尺见奇迹，重阳坐修地穴中。'活死人墓'卧玉像,遂葬修庙绳断宫。"

刘蒋村故庵和埋葬处后建成"大重阳万寿宫",开封原王氏旅邸、王重阳羽化处,后建为"大朝元万寿宫",后又改名为"延庆观"。

元世祖封赠为"重阳全真开化真君"。

元武宗加封为"重阳全真开化辅极帝君"。

全真七子

"五祖七真",为道教所供奉的仙真。"五祖",有南北二宗。南五祖为悟真紫阳真人张伯端、杏林翠玄真人石泰、道光紫贤真人薛式、泥九翠虚真人陈楠、琼炫紫虚真人白玉蟾;北五祖为东华帝君王玄甫、正阳帝君钟离权、纯阳帝君吕洞宾、纯佑帝君刘海蟾、辅极帝君王重阳。"七真"为长春真人丘处机、无为真人马钰、蕴德真人谭处端、长生真人刘处玄、玉阳真人王处一、广宁真人郝大通、清静散人孙不二。

王重阳被道教尊为辅极帝君,班列北五祖。他对当时低迷不振的道教进行了全面的改革,道教史上称之为"全真派"(也称"全真教"),王重阳则是全真派的开山祖师。"全真七子"指的是王重阳的七名弟子。他们分别是:长春真人丘处机、无为真人马钰、蕴德真人谭处端、长生真人刘处玄、玉阳真人王处一、广宁真人郝大通、清静散人孙不二。

北七真按排名次序分别为以下 7 人：

马钰——丹阳子，遇仙派　　　谭处端——长真子，南无派

刘处玄——长生子，随山派　　丘处机——长春子，龙门派

王处一——玉阳子，嵛山派　　郝大通——广宁子，华山派

孙不二——清静散人，清静派

马钰(公元 1123 年–1183 年)，马钰本名从义，字宜甫，山东宁海(今山东牟平)人，为东汉伏波将军马援的后裔，后因五代兵乱，族迁宁海(今山东牟平)。

马钰出身豪门大族，天赋异秉，母唐氏受孕时，曾梦见麻姑赐丹一粒。童年时期即常吟诵尘外之语，成人之后更擅长于文字。昆嵛山道士李无梦见了马钰的长相，誉其为"额有三山、手垂过膝"的大仙之材，又称赞他说："身体堂堂，面圆耳长，眉修目俊，准直口方，相好巨足，顶有神光。"当地名门孙忠显因为爱惜马钰的才德，于是将女儿孙富春许配给他。

马钰和王重阳相较，两者的人生境遇大不相同。王重阳虽然才气纵横、武艺高强，但其仕途却不如意，只是陕西省的一个小官，因此郁郁寡欢，酣醉于酒。他终日恣意放情、散尽千金反而惹得家人的怨恨。忽然一朝心破，遇仙于甘河，于是决意黜妻离子，出家学道。相反的是，未出家前的马钰家财丰厚，轻财重义，颇得乡亲们的尊重。他在山东省福山县为官，权总六曹，宦途甚为得意；其与妻子感情亦为融洽，育有庭珍、庭瑞和庭圭三子，可以说是过着幸福快乐的生活。此时在他的心中唯一的隐忧就是有一次他梦见二猪哀告求救，他却来不及救它们。术士孙子元占卜此事，说他的寿期将不逾 49 岁。他自叹曰："死、生固然不是操之在人，

那么为长生计,何不亲近有道之士?"于是他不仅在夜梦家园有鹤飞起之处建立道观,请陆道士来主持,并且常与高巨才等道中人士往来。出家前的马钰虽然拥有一些权势,但在人情世故的虚与委蛇下,难免萌发一丝落寞之感。时光逐渐飞逝,盛年不再的他开始放纵豪饮。

1167年的秋天,他与好友酒酣之余,赋诗道:"抱元守一是功夫,懒汉如今一也无。终日衔杯畅神思,醉中却有那人扶。"中元节过后,王重阳从终南山而来,告诉他:"不远三千里,特来扶醉人。"听得此语,他暗自沉思,立刻向王氏请教:"何名曰道?"王氏答曰:"五行不到处,父母未生时。"恍然若有所悟的他,因而邀请王重阳返家居住,后建庵名曰"全真庵"。王重阳背负着度化"七真"的使命,不远千里而来,为的是要让事业和家庭两相如意的马钰舍俗入道。王重阳卯尽心思,显现神通,用一些脍炙人口的故事来度化马钰。

1167年10月,他锁庵百日,叫马钰日给一食,夜晚则出神进入马钰的梦中,警示有天堂、地狱和轮回之苦,并且又赠马钰孙氏梨和栗子,暗示他们夫妻两人必要分离。马钰在他所著《渐悟集·卷上》中记述其梦境:"重阳祖师百端诱化,予终有攀缘爱念。忽一夜,梦立于中庭,自叹曰:我性命有如一只细瓷碗,失手百碎。言未讫,从空碗坠,惊哭醒来。师翌日乃曰:'汝昨晚惊惧,方才省悟。'"《自觉篇》中道:"梦见娇妻称是母,又逢爱妾还称女。因为前生心不悟,心不悟,改头换面为夫妇。"

在重重梦境的觉醒之后,他决定跳出这种生死轮回的痛苦煎熬,于是将全部的资产交给儿子庭珍等人,将休书给妻子孙氏,同时对他心所系念的孙氏寄以共同修道的期许。他说："奉劝孙姑修大道,时时只把心田扫。杀了三尸并六耗,无烦恼,常清常静知玄奥。"

1168 年,王重阳百日启锁之时,他乞求道名及法号出家。这年,马钰 46 岁,距离术士所预言的寿期已相去不远了。

1168 年 2 月,在全真堂王重阳门下的有马钰、谭处端、丘处机和王处一等 4 人。他们跟随祖师至昆嵛山烟霞洞共修。这时候马钰忽患头痛之症,被祖师赶下山治病,在《教化集》卷二中记录了当时的实况。王重阳写道:"挈丹阳居昆嵛山烟霞洞,因心未死,于是感疾,患偏头痛。其痛不可忍,有若斧劈。令其下山在家调治,其痛愈甚。有人上山报云:'某来时,马先生已痛死。'闻之,因鼓掌大笑曰:'我来欲化为神仙,怎死了?因他不信,感此疾。'"王重阳认为马钰是因为迷恋尘俗,信道不笃而染患此疾。他加持法水,给马钰喝下后,病立除,并且寄言曰:"凡人入道必戒酒、色、财、气,攀缘爱念,忧愁思虑。此外,便无良药矣。"但是经过此事之后,祖师便以马钰愚顽,避不见面。10 月,令马钰焚烧誓状之后,才重新相见。

1168 到 1169 两年之间,王重阳在山东省的宁海、莱州和登州建立七宝、金莲、三光、玉华和平等五会,马钰的妻子孙氏则在 1169 年 5 月 5 日于金莲堂出家。祖师训名不二,号清静散人。同年 10 月,王重阳携马钰、谭处端、刘处玄和丘处机四弟子西行至汴梁(今开封),居王氏之旅邸。

1170 年正月,王重阳升天之前,传授马钰五篇秘语,并说:"丹阳已得道,长真已知道,吾无虑矣。"马钰当下发愿说:"一欲将师父《全真集》印行；二愿欲与师父守服三年；三愿劝十方父母舍俗修仙。"此三愿后来在刘蒋村的"祖庭"——实现。

1174年，马钰与三道友月夜共坐于秦渡镇真武庙（在今陕西省）前，各言其志。马钰"斗贫"，谭处端"斗是"，刘处玄"斗志"，丘处机"斗闲"，此时四子似乎已达成分途发展教门的协议。翌日散去，马钰返居祖庭入圜，至1178年才出圜。马钰居圜堵修行，为的是去奢从俭，洗心炼性。其间陈设非常简陋，只有一几一榻，笔、砚和羊皮而已，旷然而无余物。他赤着脚，不点火烛，早晨吃一碗粥，午间则一钵面，过午不食。这样的生活日复一日，长期苦行使他的身体非常弱。

1178年出圜，离祖庭云游，才至华亭，即咳嗽吐血染患重症。在他所著《洞玄金玉集·卷八》中记载着："西至华亭，投宿于窑洞，偶中土津火毒，吐血发咳。病势来之甚紧，众道友馈药，拜而受之，不敢尝。又谓予曰：'当食生葱酽醋，可解其毒。'予再三思之，道家有病，他人莫能医，当以自治乎。"此一时期的马钰，已经是参破生、死，随遇而安了。因此，当1182年有所谓的牒发事件，也就是金朝廷发布遣送无度牒的道士各还本乡的政令传来，马钰也顺应天命，东归故乡。一别经年，老年的马钰已俨然成为一代宗师，受到山东故旧、乡人夹道欢迎，犹如落日余晖，焕发出美丽的光彩。他行化所至，风行雷动，激起一阵狂热的信道热潮。在文登和芝阳两地主醮时，乡民遵行所劝，焚烧船网，均出现海市蜃楼的奇异景观。金大定二十二年（公元1182年）12月28日，马钰以歌舞自娱，似有非常之喜。翌日，门人传报孙仙姑枕肱弃世于河南洛阳。马钰于是叙述自己前一夜唱歌跳舞，是因为亲见孙仙姑伴随着仙乐,乘彩云返归海上的缘故。

谭处端(公元 1123 年-1185 年),山东宁海(今山东牟平)人,本名玉,字伯玉,师承道教王重阳,后改名为谭处端,号长真子,后人称"长真子"或"长真祖师"。全道南无派由谭处端所创。

谭处端涉猎经史,中国道教代表人物之一,为"全真七子"之一,也是全真教第三任掌门。过世后,后人尊称"玄德蕴德真君",元世祖敕封为"长真云水蕴德真人"。

今台湾部分道教庙宇仍于农历三月初一祭祀谭处端,称为"长真祖师圣诞"。

刘处玄(公元 1147 年-1203 年),字通妙,道号长生子,金朝全真道道士,山东东莱(今山东掖县)人。在道教历史和信仰中,刘处玄被奉为全真道"七真"之一,以及随山派的祖师。

刘处玄于金皇统七年(公元 1147 年)7 月 12 日在山东东莱武官庄出生,幼年丧父,以谨慎侍奉母亲而闻名。金大定九年(公元 1169 年)春天,传说刘处玄在邻居墙壁上忽然看到"武官真仙地,须有长生不死人"的语句,因而决心信奉道教,并于同年 9 月在莱州拜全真道祖师王重阳为师。王重阳赠诗一首:

钓罢归来又见鳌,已知有分列仙曹;

鸣榔相唤知予意,濯出洪波万丈高。

并替他改名处玄,字通妙,号长生子。这年刘处玄 23 岁。

金大定九年(公元 1169 年)冬天,王重阳率领马钰、谭处端、刘处玄和丘处机四名弟子前往河南汴梁。次年春天,王重阳在汴梁逝世,遗命尚未悟道的刘处玄听从师兄谭处端的教诲。随后在马钰的率领下,四人将王重阳暂葬于汴梁,接着前往长安和终南山，拜会王重阳的道友和德谨、李灵阳，以及其早期弟子刘通微、史处厚和严处常。金大定十二年（公元 1172 年），又在马钰的带领下，众人将王重阳遗体迁葬于终南山，并在墓旁结庐为亡师守丧。

金大定十四年（公元 1174 年）守丧期满，于中秋节时，马钰、谭处端、刘处玄和丘处机在秦渡镇真武庙夜话，这时刘处玄表示会以"斗志"为修炼方向。与同门分别后，刘处玄前往洛阳，混迹于市井和花街柳巷之中，以磨炼自己的心性。

金大定十六年（公元 1176 年），刘处玄返回家乡山东莱州武官庄，从此长期在山东弘道。金大定二十二年（公元 1182 年），他在武官庄兴建道观（后名灵虚观），并注疏《道德经》和《黄庭经》。金大定二十三年（公元 1183 年）掌教马钰逝世，刘处玄与王处一合力办理他的丧事。次年，刘处玄在昌阳和登州主持斋醮时，信众目睹王重阳和马钰显灵。金大定二十五年（公元 1185 年）谭处端逝世，刘处玄继任为全真教第四任掌教。

金泰和三年（公元 1203 年）二月初六，刘处玄在东莱武官庄灵虚观逝世，享年 57 岁。至元六年（公元 1276 年），元世祖诏赠为"长生辅化明德真人"。

刘处玄传世的著述包括：

《仙乐集》五卷、《黄庭内景玉经注》一卷、《黄帝阴符经注》一卷、《无为清静长生真人至真语录》一卷。

丘处机（公元 1148 年 2 月 10 日－1227 年 8 月 22 日），字通密，道号长春子，山东栖霞人，金代全真道道士。丘处机为金世宗、金章宗、金卫绍王、金宣宗和元太祖成吉思汗敬重，并因远赴阿富汗劝说成吉思汗减少屠杀而闻名。在道教历史和信仰中，丘处机被奉为全真道"北七真"之一，以及龙门派的祖师。丘处机本名不详，金熙宗皇统八年（公元 1148 年）农历正月十九日生于山东登州栖霞。1166 年开始学道。1167 年拜全真道祖师王重阳为师，王重阳为他取名处机，字通密，道号长春子。1168 至 1170 年间，丘处机跟随王重阳在山东和河南传教。1170 年春，王重阳在河南汴梁逝世后，丘处机跟随同门马钰、谭处端和刘处玄到陕西终南山拜会王重阳的朋友，后于 1172 年将王重阳迁葬终南山。

1174 年为王重阳守丧的期限满后，丘处机先后在陕西宝鸡磻溪和陇州龙门山修炼 10 余年，自此声望日隆。1186 年冬，他重返终南山主持"祖庭"（今重阳万寿宫）事务。

金世宗大定二十八年（公元 1188 年）春，应金世宗的诏书邀请前往中都会面，受命主持万春节醮事，留居官庵，期间获得金世宗三次召见。他在中都留居半年后，当年秋天得到同意返回的圣旨，1189 年春，返回终南山祖庭。

1191 年冬，由于金章宗限制全真道在陕西的活动，丘处机被迫带领部分弟子回到故乡栖霞。稍后，他将旧宅拓建为太虚观，继续弘扬道法。

1203 年刘处玄逝世，丘处机成为全真道第五任掌教。丘处机掌教时间长达 24 年，期间他在政治和社会上积极发挥自己的影响，使全真道的发展进入兴盛时期。

金章宗泰和七年（公元 1207 年），金章宗和李元妃先后赐额与《玄都宝藏》予栖霞太虚观。

金卫绍王大安三年（公元 1211 年），丘处机奉金卫绍王诏书前往中都,游德兴琅山。

在 1203 至 1219 年间,他在山东蓬莱、芝阳、掖县、北海和胶西等地传教。金宣宗贞祐二年(公元 1214 年),山东登州、宁海州发生农民起义,金朝驸马都尉仆散安贞请丘处机协助招抚乱民,凭借丘处机的声望,登州和莱州等地很快恢复平静,金朝赐赠"自然应化弘教大师"。

金宣宗贞祐四年(公元 1216 年),金宣宗下诏派东平军王庭玉召丘处机赴汴梁,但丘处机认为金朝皇帝有"不仁之恶",推辞未前往。

宋宁宗嘉定十二年(公元 1219 年)夏天,宋宁宗派遣将领李全、彭义斌持诏书敦请丘处机赴临安,丘处机认为南宋皇帝有"失政之罪",推辞未前往。

1219 年农历五月,成吉思汗派使者刘仲禄等人携带诏书前往山东邀请丘处机前往蒙古帝国相见,1219 年农历十二月,刘仲禄到达山东莱州昊天观,奉命邀请丘处机前往蒙古与成吉思汗会面,丘处机说:"我循天理而行,天使行处无敢违。"欣然同意前往,1220 年农历正月,丘处机挑选门人弟子赵道坚、宋道安、尹志平、李志常等 18 名弟子离开山东昊天观,启程西去,这时他已经年届 73 岁。几个月后到达大蒙古国统治的燕京(原金朝中都,1215 年 5 月 31 日被蒙古帝国攻陷后改名燕京),丘处机一行人入驻玉虚观,得到当地官员的热情接待。此时,丘处机听说成吉思汗已经于 1219 年农历六月统兵西征中亚的花剌子模沙朝,而自己年事已高,倦冒风沙,欲约成吉思汗来燕京会见,于是写了一份陈情表。刘仲禄乃令曷剌急驰报告成吉思汗。成吉思汗忙于西征战事,不能东到燕京,便写了回复诏书,派遣曷剌带信给丘处机。

丘处机知道燕京会见不可能,便于1221年春天继续西行。当时刘仲禄欲为成吉思汗挑选处女,丘处机当即劝阻,他说:"春秋时期齐景公为了削弱鲁国,派人挑选美女80人送给鲁定公。定公与国相季氏朝欢暮乐,朝政日衰,孔子为此指责定公:'君相沉溺于声色,国家何以图强?'"后成吉思汗知悉而罢选。

1221年4月出居庸关,途经漠南和中亚地区,在漠北草原拜会铁木哥斡赤斤后一路西行,途经镇海城时接纳田镇海的建议留下宋道安、李志常等9名弟子修建栖霞观,然后再经回纥城、昌八刺城、阿里马城、赛蓝城,于1221年冬天抵达撒马尔干。

1222年4月,丘处机途经铁门关抵达"大雪山"(今兴都库什山)八鲁湾行宫觐见成吉思汗,实现了龙马相会(成吉思汗属马,丘处机属龙)。成吉思汗称他为"神仙"。同年秋,成吉思汗三次召见丘处机,询问治国和养生的方法,丘处机向他以"敬天爱民、减少屠杀、清心寡欲"等为回应。及后,成吉思汗下诏耶律楚材将这几次的对话编集成《玄风庆会录》。1223年春天,丘处机向成吉思汗辞行,成吉思汗下诏豁免全真道的赋役,并沿途派兵护送,一行人于冬天抵达宣德。

跟随丘处机一路西行的18名弟子之一的李志常,根据一路上的西行见闻,后来写成《长春真人西游记》一书,具有重要的史料价值。

1224年农历二月初七,丘处机应燕京行中书省尚书石抹咸得卜的邀请主持天长观,是时教门大兴,当地的道众组织了"燕京八会"。(平等、长春、灵宝、长生、明真、平安、消灾、万莲)同年,丘处机持圣旨拯救数万生灵。《元史·丘处机传》记载:"此时,国兵践踏中原,河南、(河)北尤甚,民罹俘戮无所逃命。处机还燕京,使其徒牒牌招求于战伐之余,由是为人奴者得复为良,与濒死而更生者,毋虑二三万人,中州人至今称道之。"自此,全真教盛极一时,丘处机的声誉亦登峰造极。寺庙改道观、佛教徒更道教者不计其数。

1225年秋天,燕京行中书省宣抚使王楫以"荧惑犯尾"请丘处机作醮祈禳。

1226年春天,丘处机应邀到蓟县盘山启建黄箓。1226年夏,燕京大旱,丘处机为百姓设醮祈雨,非常灵验,很快下雨。

1227年农历五月,燕京大旱,丘处机为百姓设醮祈雨,天马上就下雨,被誉作"神仙雨"。

1227年农历五月二十五日,王志明自秦州前来传成吉思汗圣旨,圣旨中将天长观改名"长春宫"(今北京白云观),北宫仙岛为万安宫,并赐"金虎牌",以"道家事一切仰'神仙'处置",即诏命丘处机掌管天下道教。诏书中还提到"朕常念神仙,神仙毋忘朕也。",显示成吉思汗对丘处机的礼遇极高。

1227年8月22日,丘处机在长春宫宝玄堂逝世。在逝世一周年后,他的弟子将他安葬在长春宫内的处顺堂。后来,忽必烈下诏赠封他为"长春演道主教真人"。

丘处机对成吉思汗的劝说,减少了蒙古帝国进攻金国时的屠杀和破坏,使他在当时已得到大众的高度评价,亦使全真道成为当时最兴盛的宗教。

后世不少评价,都盛赞丘处机拯救生灵的功德,甚至超越他在宗教上的贡献。

清高宗听了这个故事,欣然赋诗:"万古长生,不用餐霞求秘诀;一言止杀,始知济世有奇功"赞之。

王处一(公元1142年—1217年),号玉阳子,山东宁海(今山东牟平)人。是中国金朝、元朝交际时期的一位道教哲学家,也有人说玉阳子是王处一的字,他的号是"全阳子"或"华阳子"。

王处一从1168年开始从师王重阳,隐居于昆嵛山烟霞洞修行。1188年他应金世宗召赴汴京主持万春节的道事。

王处一主张无为,放弃所有的世事,只修心性。

他逝世后忽必烈封他为"玉阳体玄广度真人"。

王处一也是一位词人,他的多部作品流传至今。著述有《云光集》《清真集》、《显异录》等。

郝大通(公元1149年–1212年),山东宁海(今山东牟平)人,名璘,字太古,号恬然子,又号广宁子,自称"太古道人"。郝大通精通老庄易学,擅长卜筮占卦。1167年皈依全真教,数年后继承该教掌门人。除此之外,他开创了全真教华山派。

郝大通好读《周易》,晓卜筮。梦神人示以《周易》密义。由是洞晓阴阳、律历、卜术。厌纷华而喜淡薄,隐德于卜筮之中。后"遂行至岐山,遇神人复授以《周易》之大义。15年坐沃州桥下而不语。"金世宗大定八年(公元1168年),遇重阳祖师于宁海州,背坐于石,郝大通曰:"请先生回头!"重阳祖曰:"君何不回头?"郝大通忽惊异,遂拜为师。翌日晚于朝元观付以二词。言下领悟,如走万里迷途一呼知返。次年母终,遂弃家寻师,8月3日从祖师。入昆嵛烟霞洞请列门弟子中而求法，受道真诀。22年居真定升堂讲演，远近来听者常数百人，有人问答歌诗，《周易》参同演说图像。晚年又写了《太古集》一书，以卦图叙述得道成仙的秘诀，后乃成仙。按《道藏·历世真仙体道通鉴》及《金莲正宗》，元至元六年(公元1276年)正月元世祖褒赐"广宁通玄太古真人"，后武宗时加封为"广宁通玄妙极太古真君"。世称"华山郝祖"，流传华山派。

今台湾部分道教庙宇仍于农历正月初三祭祀郝大通，称为"太古真君圣诞"。

著述有:《三教入易论》、《示教直言》、《心经解》、《救苦经解》、《〈周易〉参同契释义》、《太古集》。

孙不二(公元1119年-1182年)，原名孙富春，宁海(今山东牟平)人，是全真教创始人王重阳所收的一名女弟子，道号清静散人，人称"孙仙姑"，和另外6位师兄共称"全真七子"，在出家前是马钰之妻。

金太祖天辅二年(公元1118年)春，母梦7鹤舞于亭，一鹤渐入怀，觉而有娠，至己亥正月五日乃生。孙姑性慧聪明，温和慈善，柔淑贞静，严于礼法，挺乎自然。侍马钰，恪尽妇道，生三子。因夫拜王重阳为师，驻全真庵学道。王重阳欲度仙姑，乃显神通，大醉径造内宅，卧于孙姑寝室，孙姑责其非礼，怒锁房门，使仆呼夫归。告之马钰："师与我谈道，不离己席，岂是有事？"及开锁，见室已空，同往道舍，见师正浓睡。于是孙姑更加笃信，遂亦拜王重阳为师，王重阳授以天符云篆秘诀。夫妻敬之若神，事之若君。后孙仙姑居洛阳下清宫之风仙洞乞食度日，垢面蓬头，以秽污而远世魔。内修仙道,外隐仙迹,7年乃成。《道藏·历世真仙体道通鉴》中说:"一日沐浴更衣,跏趺而逝,奄然而化,香风散漫,瑞气氤氲,竟日不散。时马钰居宁海环渚中,俄闻仙乐骇空,仰而视之,见仙姑乘彩云而过,仙童玉女旌节仪仗拥导前后,俯而告丹阳:'吾先归蓬岛侍君也。'"按《道藏·历世真仙体道通鉴续编》至元己巳正月褒赐清静渊贞顺德真人,后元世祖时敕封为清静渊贞玄虚顺化元君,俗称"清静孙祖",流传清静派。

"全真七子"的思想特点:一曰修心。全真道认为人生是假,是空,真性是本来面目,人生短暂,速修为要,修心要锁心猿意马,去俗行尘情,要忍辱苦行,还要孝行、慈悲、济世、救难。二曰清静。王重阳认为:只要心中有清静两个字,其余都不是修行、性命双修,而以性功为主。三曰内丹。马钰的内丹功法强调无为虚静,心清静养气全神;丘处机的丹法体系在《大丹直指》一书中分九步炼法,有小成、中成、大成三个层次,炼精化气,炼气化神,炼神合道;郝大通则是卦爻周天丹道,用《周易》原理指导炼丹法度火候;孙不二则有女丹功,照顾到女性生理特点。四曰三教合一。这是全真道的突出特点,全真道吸收儒家的孝行,佛家的见性,在道家内丹功的基础上融佛摄儒,以达到成仙超度的目的。

"全真七子"在北方广泛传播全真教,并且各立支派,即马钰遇仙派、丘处机龙门派、谭处端南无派、刘处玄随山派、郝大通华山派、王处一嵛山派、孙不二清静派。这其中,又以丘处机及其龙门派影响最大。

王重阳文武双全,其传世著作有《重阳全真集》,内收传道诗词约千余首,另有《立教十五论》、《教化集》、《分梨十化集》等,均收入《正统道藏》。他使道教从哲理上开创了一个新局面。王重阳熔道、佛、儒思想于一炉，声称"儒门释户道相通，三教从来一祖风"。主张三教平等、三教合一，并以《道德经》《般若心经》《孝经》为全真道徒必修经典。王重阳以修炼内丹为成仙正道的手段，其修炼重在"清静"二字，认为"人心常许依清静，便是修行真捷径"，并主张修道者必须出家，除情去欲，忍耻含垢，苦行苦修。王重阳的修行方式客观上很适合女真和蒙古统治者的需要。

　　金、元之交，直至南宋覆灭的数十年间是中国大地铁骑纵横、战火纷飞、生灵涂炭的苦难年代，但也是全真道的鼎盛时期。这主要是因为这一时期女真和蒙古统治者入主中原，最伤脑筋的就是没有好办法化解民族矛盾，而王重阳的清修主张正好能消磨汉人反抗异族统治的斗志，有利于缓解民族矛盾和巩固异族君主的统治地位，所以王重阳创立的全真派在金、元两个外族统治时代得到迅猛发展，并得到了官方的全力支持，王重阳也从而被元朝皇帝先后册封为"重阳全真开化真君"和"重阳全真开化辅极帝君"。全真教是后期道教最大的派别之一，元代以来与正一派一起延续至今。

重
阳
篇

后　记

　　《终南山传奇》辑录了传说在终南山修炼得道的 12 位仙师，这 12 位仙师都是大家共知的先贤圣哲，还收录了一位国人熟知的佛教大师——玄奘。史载，玄奘圆寂后，其灵骨舍利塔就建在终南山大唐护国兴教寺内，唐肃宗为舍利塔亲题塔额"兴教"二字。

　　道文化学者李聚财得知我要写此书时，热情地跟我说："要是用得着的话，就言语一声，别客气。"李先生的热情一下坚定了我的信念。李先生是道文化学者，见多识广，有他出面再好不过了，正是借助他路子广，熟人多，我才一次又一次顺利地完成了采风。

　　原计划这本书半年杀青，但半年过去了，还没理出个头绪来。虽然我喜爱文史，平日里也积累了不少有关道教人物的故事，可动起笔来却感到所掌握的资料不足，再加上一些故事只是些凌乱的碎片，无奈，只好放下笔，回头做资料补充工作。譬如，搜寻索姑的写作素材时，我先后三次到索姑的家乡扶风青龙山下的索庄，采访了索姑后人，从索姑后人那里知道了一些鲜为人知的事。从索庄回来，感到索姑在青山修炼的事还得进一步考证，要考证就要到人文景观地去。青山地处翠峰乡，早些年，我采访一位女知青时，去过青山脚下，原想采访完后顺便上青山觅寻当年索姑的足迹，但第二天一大早却接到去省城开会的通知，于是就匆匆坐车去了省城，此后再没到过青山，为此事，我还遗憾了好多年。因写作需要，在秋后的一天，我邀了几个文友，走进了梦寐以求的青山。我是带着任务去的，所以沿途人文景观就看得特别认真，每到一处都要刨根问底。

进山的路越走越陡，当登上山顶索姑梳妆台时，我已是气喘吁吁，浑身酸困两腿挪不动了，但当想到此行不虚时，顿觉浑身又有了劲。

户县祖庵的重阳宫，是道教全真的祖庭，我邀李聚财先生先后三次到祖庵搜集王重阳成道的故事。为了搜集刘海的传奇故事，我与妻子多次去刘海的故里玉蝉曲抱村拜访庙董和村老。有人讥笑我傻："不就是一些传奇故事嘛，随便编编就行了，何必那么认真。"但我却认为，虽然说是传奇故事，但也有出处和典故，只有符合历史事件的原型，写出来的故事才能被人们认可和接受，否则就有信口雌黄之嫌。

一年多的实地求证，才使书中的历史人物丰满起来。接下来，我就开始动笔，较前顺利多了，竟半年时间就完成了《终南山传奇》一书的写作。初稿写出后，我请10多位文友指正，根据文友的意见和建议，又重新进行了修正，最后才定了修改稿。

历时两年多，《终南山传奇》终于可以付梓，其中满含着各位同仁的辛苦付出，还有众多文中没有提到的朋友，在这里一并表

263

后记

示衷心地感谢！

书中仅收录了大禹、道教先圣老子李耳、财神赵公明、八仙汉钟离、麻姑、药王孙思邈、佛教大师、大唐全贞娘娘索姑、镇宅护福钟馗、吕洞宾、准财神刘海、全真教主王重阳等数十位人物。众多道教仙师都把终南山作为修炼的道场，这足以说明终南山昔日的魅力。

这本书在编写过程中，得到了任升、寇建全、屈毓晓、尚玉峰、常忠跻、赵生林、李聚财、赵群道及刘龙刚、杨建辉、邓银海、李瑞祺的竭诚帮助。在出版时，赵天印（财神赵公明后裔）给予鼎力相助，在此我衷心的感谢以上各位的大力支持！

由于笔者水平有限，难免有疏漏和不周之处，敬请海涵！在此，笔者诚心请同仁多提宝贵意见，如有谬误，请指正，不胜感谢！

孙治民

2015 年 1 月于周至